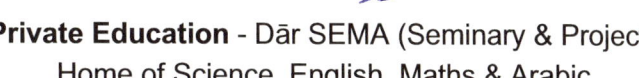

Private Education – Dār SEMA (Seminary & Project)
Home of Science, English, Maths & Arabic

East London 07864666156 * PRIVATE EDUCATION *** 0749764382**

[margin note: well check, reading listening good behaviour for Rifqey]

Teacher Use: Date: 1/March Day: Sunday Teacher: WK Signature: [signed]
New Hifz / Sabak / الجديد: ① Baqarah 1-4 ② Baqarah 4-8 ③ 8-12 ___ Pass (✓) Fail ( ) *Please revise again because it is a weak pass.*
Old Hifz for 7 Days / 7 Sabak / القديم 7 أيام: NOT APPLICABLE ___ Pass ( ) Fail ( )
Revision (Juz) / المراجعة: جزء: Fatiha, Nas – Balad ___ Pass (✓) Fail ( )

[margin note: new memorisation - please memorise more at home]

Teacher Use: Date: 8/March Day: Sunday Teacher: WK Signature: [signed]
New Hifz / Sabak / الجديد: ① Baqarah 12-18 ② Baqarah 12-19 ③ Baqarah 1-19 ___ Pass (✓) Fail ( ) 70%
Old Hifz for 7 Days / 7 Sabak / القديم 7 أيام: Fatiha – Baqarah 12 (60%) Pass (✓) Fail ( ) 60%
Revision (Juz) / المراجعة: جزء: Balad – Nas (60%). ___ Pass (✓) Fail ( ) 60%

Teacher Use: Date: ___ Day: ___ Teacher: ___ Signature: ___
New Hifz / Sabak / الجديد: ___ Pass ( ) Fail ( )
Old Hifz for 7 Days / 7 Sabak / القديم 7 أيام: ___ Pass ( ) Fail ( )
Revision (Juz) / المراجعة: جزء: ___ Pass ( ) Fail ( )

Teacher Use: Date: 31/March Day: Tuesday Teacher: Ustaad Wahid Signature: ___
New Hifz / Sabak / الجديد: Baqarah 1-60 ② baqarah 1-57 ③ ___ Pass ( ) Fail ( )
Old Hifz for 7 Days / 7 Sabak / القديم 7 أيام: ① Mulk to Naaqah ② ___ Pass ( ) Fail ( )
Revision (Juz) / المراجعة: جزء: ___ Pass ( ) Fail ( )

Teacher Use: Date: 2 March Day: Thursday Teacher: Ustaad Wahid Signature: ___
New Hifz / Sabak / الجديد: baqarah 60-62 H/W 60-79 ___ Pass ( ) Fail ( ) *No Jinn*
Old Hifz for 7 Days / 7 Sabak / القديم 7 أيام: adint to qadr no mistakes baqarah 1-17, 17 to 60 ___ Pass ( ) Fail ( ) *Jinn to Mursalaat*
Revision (Juz) / المراجعة: جزء: iqrah to duha no mistake H/W ___ Pass ( ) Fail ( )

Teacher Use: Date: 6 April Day: Monday Teacher: Ustaad Wahid Signature: ___
New Hifz / Sabak / الجديد: H/W No 2 – surah Jinn to Mursalaat ___ Pass ( ) Fail ( )
Old Hifz for 7 Days / 7 Sabak / القديم 7 أيام: H/W No 3 – revise baqarah 1-62 Pass ( ) Fail ( )
Revision (Juz) / المراجعة: جزء: H/W No 4 – 62 to 69 ___ Pass ( ) Fail ( )

Private Education - Dār SEMA (Seminary & Project)
Home of Science, English, Maths & Arabic

*** PRIVATE EDUCATION ***

Teacher Use: Date: 7 April **Day:** tuesday **Teacher:** ustaad abdul wahid **Signature:** _____

New Hifz / Sabak / الجديد: HW-1 baqarah verse 25 - 66 _____ Pass ( ) Fail ( )

Old Hifz for 7 Days / 7 Sabak / القديم 7 أيام: H-W-2 verse 66 to 73 Pass ( ) Fail ( )

Revision (Juz) / جزء المراجعة: H-W 3 - muzamil and mudathir Pass ( ) Fail ( )
H-w susaly bulall to fajr

Teacher Use: Date: 7 April **Day:** thursday **Teacher:** ustaad abdul wahid **Signature:** _____

New Hifz / Sabak / الجديد: Hajj passed Hw changing to baqarah Pass ( ) Fail ( )

Old Hifz for 7 Days / 7 Sabak / القديم 7 أيام: Mudaththir (all) Pass ( ) Fail ( )

Revision (Juz) / جزء المراجعة: _____ Pass ( ) Fail ( )

Teacher Use: Date: 1 May **Day:** friday **Teacher:** ustaad abdul wahid **Signature:** _____

New Hifz / Sabak / الجديد: baqarah 1-26 done Pass _____ Pass ( ) Fail ( )

Old Hifz for 7 Days / 7 Sabak / القديم 7 أيام: H-W baqarah 26 to 1 Pass ( ) Fail ( )

Revision (Juz) / جزء المراجعة: Mudathir vese 20 to 70 Pass ( ) Fail ( )

Teacher Use: Date: _____ **Day:** _____ **Teacher:** _____ **Signature:** _____

New Hifz / Sabak / الجديد: page 11 to 15 fayerth Pass ( ) Fail ( )

Old Hifz for 7 Days / 7 Sabak / القديم 7 أيام: 19 and 21 Pass ( ) Fail ( )

Revision (Juz) / جزء المراجعة: _____ Pass ( ) Fail ( )

Teacher Use: Date: _____ **Day:** _____ **Teacher:** _____ **Signature:** _____

New Hifz / Sabak / الجديد: 1 fatwia page 7 done Pass ( ) Fail ( )

Old Hifz for 7 Days / 7 Sabak / القديم 7 أيام: mudathir 1-19 done Pass ( ) Fail ( )

Revision (Juz) / جزء المراجعة: Revision 20-34 done Pass ( ) Fail ( )

Teacher Use: Date: Thu 7 may **Day:** _____ **Teacher:** _____ **Signature:** _____

New Hifz / Sabak / الجديد: _____ Pass ( ) Fail ( )

Old Hifz for 7 Days / 7 Sabak / القديم 7 أيام: _____ Pass ( ) Fail ( )

Revision (Juz) / جزء المراجعة: _____ Pass ( ) Fail ( )

Private Education - Dār SEMA (Seminary & Project)
Home of Science, English, Maths & Arabic

*** PRIVATE EDUCATION ***

Awl
muzamil Hz bayarah H

Teacher Use: Date:_____ **Day:**_____ **Teacher:**_____ **Signature:**_____

New Hifz / Sabak / الجديد: _____ Pass ( ) Fail ( )

Old Hifz for 7 Days / 7 Sabak / القديم ل ٧ أيام: _____ Pass ( ) Fail ( )

Revision (Juz) / المراجعة: جزء: _____ Pass ( ) Fail ( )

Teacher Use: Date:_____ **Day:**_____ **Teacher:**_____ **Signature:**_____

New Hifz / Sabak / الجديد: 1) insan 2) baqrah 3) Arabic page 3 Random range Pass ( ) Fail ( )

Old Hifz for 7 Days / 7 Sabak / القديم ل ٧ أيام: _____ Pass ( ) Fail ( )

Revision (Juz) / المراجعة: جزء: _____ Pass ( ) Fail ( )

Teacher Use: Date:_____ **Day:**_____ **Teacher:**_____ **Signature:**_____

New Hifz / Sabak / الجديد: _____ Pass ( ) Fail ( )

Old Hifz for 7 Days / 7 Sabak / القديم ل ٧ أيام: _____ Pass ( ) Fail ( )

Revision (Juz) / المراجعة: جزء: _____ Pass ( ) Fail ( )

Teacher Use: Date:_____ **Day:**_____ **Teacher:**_____ **Signature:**_____

New Hifz / Sabak / الجديد: _____ Pass ( ) Fail ( )

Old Hifz for 7 Days / 7 Sabak / القديم ل ٧ أيام: _____ Pass ( ) Fail ( )

Revision (Juz) / المراجعة: جزء: _____ Pass ( ) Fail ( )

Teacher Use: Date:_____ **Day:**_____ **Teacher:**_____ **Signature:**_____

New Hifz / Sabak / الجديد: _____ Pass ( ) Fail ( )

Old Hifz for 7 Days / 7 Sabak / القديم ل ٧ أيام: _____ Pass ( ) Fail ( )

Revision (Juz) / المراجعة: جزء: _____ Pass ( ) Fail ( )

Teacher Use: Date:_____ **Day:**_____ **Teacher:**_____ **Signature:**_____

New Hifz / Sabak / الجديد: _____ Pass ( ) Fail ( )

Old Hifz for 7 Days / 7 Sabak / القديم ل ٧ أيام: _____ Pass ( ) Fail ( )

Revision (Juz) / المراجعة: جزء: _____ Pass ( ) Fail ( )

Private Education - Dār SEMA (Seminary & Project)
Home of Science, English, Maths & Arabic

*** PRIVATE EDUCATION ***

Teacher Use: Date:_____ **Day:**_____ **Teacher:**_____ **Signature:**_____

New Hifz / Sabak / الجديد: Revise biqovah 1-48 learn 48 to 58 ____ Pass ( ) Fail ( )

Old Hifz for 7 Days / 7 Sabak / القديم ل٧ أيام:_____ Pass ( ) Fail ( )

Revision (Juz) / المراجعة: جزء:_____ Pass ( ) Fail ( )

Teacher Use: Date:_____ **Day:**_____ **Teacher:**_____ **Signature:**_____

New Hifz / Sabak / الجديد:_____ Pass ( ) Fail ( )

Old Hifz for 7 Days / 7 Sabak / القديم ل٧ أيام:_____ Pass ( ) Fail ( )

Revision (Juz) / المراجعة: جزء:_____ Pass ( ) Fail ( )

Teacher Use: Date:_____ **Day:**_____ **Teacher:**_____ **Signature:**_____

New Hifz / Sabak / الجديد:_____ Pass ( ) Fail ( )

Old Hifz for 7 Days / 7 Sabak / القديم ل٧ أيام:_____ Pass ( ) Fail ( )

Revision (Juz) / المراجعة: جزء:_____ Pass ( ) Fail ( )

Teacher Use: Date:_____ **Day:**_____ **Teacher:**_____ **Signature:**_____

New Hifz / Sabak / الجديد:_____ Pass ( ) Fail ( )

Old Hifz for 7 Days / 7 Sabak / القديم ل٧ أيام:_____ Pass ( ) Fail ( )

Revision (Juz) / المراجعة: جزء:_____ Pass ( ) Fail ( )

Teacher Use: Date:_____ **Day:**_____ **Teacher:**_____ **Signature:**_____

New Hifz / Sabak / الجديد:_____ Pass ( ) Fail ( )

Old Hifz for 7 Days / 7 Sabak / القديم ل٧ أيام:_____ Pass ( ) Fail ( )

Revision (Juz) / المراجعة: جزء:_____ Pass ( ) Fail ( )

Teacher Use: Date:_____ **Day:**_____ **Teacher:**_____ **Signature:**_____

New Hifz / Sabak / الجديد:_____ Pass ( ) Fail ( )

Old Hifz for 7 Days / 7 Sabak / القديم ل٧ أيام:_____ Pass ( ) Fail ( )

Revision (Juz) / المراجعة: جزء:_____ Pass ( ) Fail ( )

Private Education - Dār SEMA (Seminary & Project)
Home of Science, English, Maths & Arabic

*** PRIVATE EDUCATION ***

Teacher Use: Date:_____ **Day:**_____ **Teacher:**_____ **Signature:**_____

New Hifz / Sabak / الجديد:_____Pass ( ) Fail ( )

Old Hifz for 7 Days / 7 Sabak / القديم ل٧ أيام:_____Pass ( ) Fail ( )

Revision (Juz) / المراجعة: جزء:_____Pass ( ) Fail ( )

Teacher Use: Date:_____ **Day:**_____ **Teacher:**_____ **Signature:**_____

New Hifz / Sabak / الجديد:_____Pass ( ) Fail ( )

Old Hifz for 7 Days / 7 Sabak / القديم ل٧ أيام:_____Pass ( ) Fail ( )

Revision (Juz) / المراجعة: جزء:_____Pass ( ) Fail ( )

Teacher Use: Date:_____ **Day:**_____ **Teacher:**_____ **Signature:**_____

New Hifz / Sabak / الجديد:_____Pass ( ) Fail ( )

Old Hifz for 7 Days / 7 Sabak / القديم ل٧ أيام:_____Pass ( ) Fail ( )

Revision (Juz) / المراجعة: جزء:_____Pass ( ) Fail ( )

Teacher Use: Date:_____ **Day:**_____ **Teacher:**_____ **Signature:**_____

New Hifz / Sabak / الجديد:_____Pass ( ) Fail ( )

Old Hifz for 7 Days / 7 Sabak / القديم ل٧ أيام:_____Pass ( ) Fail ( )

Revision (Juz) / المراجعة: جزء:_____Pass ( ) Fail ( )

Teacher Use: Date:_____ **Day:**_____ **Teacher:**_____ **Signature:**_____

New Hifz / Sabak / الجديد:_____Pass ( ) Fail ( )

Old Hifz for 7 Days / 7 Sabak / القديم ل٧ أيام:_____Pass ( ) Fail ( )

Revision (Juz) / المراجعة: جزء:_____Pass ( ) Fail ( )

Teacher Use: Date:_____ **Day:**_____ **Teacher:**_____ **Signature:**_____

New Hifz / Sabak / الجديد:_____Pass ( ) Fail ( )

Old Hifz for 7 Days / 7 Sabak / القديم ل٧ أيام:_____Pass ( ) Fail ( )

Revision (Juz) / المراجعة: جزء:_____Pass ( ) Fail ( )

Private Education - Dār SEMA (Seminary & Project)
Home of Science, English, Maths & Arabic

*** PRIVATE EDUCATION ***

Teacher Use: Date:_____ **Day:**_____ **Teacher:**_____ **Signature:**_____

New Hifz / Sabak / الجديد:_____Pass ( ) Fail ( )

Old Hifz for 7 Days / 7 Sabak / القديم ل ٧ أيام:_____Pass ( ) Fail ( )

Revision (Juz) / المراجعة: جزء:_____Pass ( ) Fail ( )

Teacher Use: Date:_____ **Day:**_____ **Teacher:**_____ **Signature:**_____

New Hifz / Sabak / الجديد:_____Pass ( ) Fail ( )

Old Hifz for 7 Days / 7 Sabak / القديم ل ٧ أيام:_____Pass ( ) Fail ( )

Revision (Juz) / المراجعة: جزء:_____Pass ( ) Fail ( )

Teacher Use: Date:_____ **Day:**_____ **Teacher:**_____ **Signature:**_____

New Hifz / Sabak / الجديد:_____Pass ( ) Fail ( )

Old Hifz for 7 Days / 7 Sabak / القديم ل ٧ أيام:_____Pass ( ) Fail ( )

Revision (Juz) / المراجعة: جزء:_____Pass ( ) Fail ( )

Teacher Use: Date:_____ **Day:**_____ **Teacher:**_____ **Signature:**_____

New Hifz / Sabak / الجديد:_____Pass ( ) Fail ( )

Old Hifz for 7 Days / 7 Sabak / القديم ل ٧ أيام:_____Pass ( ) Fail ( )

Revision (Juz) / المراجعة: جزء:_____Pass ( ) Fail ( )

Teacher Use: Date:_____ **Day:**_____ **Teacher:**_____ **Signature:**_____

New Hifz / Sabak / الجديد:_____Pass ( ) Fail ( )

Old Hifz for 7 Days / 7 Sabak / القديم ل ٧ أيام:_____Pass ( ) Fail ( )

Revision (Juz) / المراجعة: جزء:_____Pass ( ) Fail ( )

Teacher Use: Date:_____ **Day:**_____ **Teacher:**_____ **Signature:**_____

New Hifz / Sabak / الجديد:_____Pass ( ) Fail ( )

Old Hifz for 7 Days / 7 Sabak / القديم ل ٧ أيام:_____Pass ( ) Fail ( )

Revision (Juz) / المراجعة: جزء:_____Pass ( ) Fail ( )

Private Education - Dār SEMA (Seminary & Project)
Home of Science, English, Maths & Arabic

*** PRIVATE EDUCATION ***

Teacher Use: Date:_____ **Day:**_____ **Teacher:**_____ **Signature:**_____

New Hifz / Sabak / الجديد:_____Pass ( ) Fail ( )

Old Hifz for 7 Days / 7 Sabak / القديم ل ٧ أيام:_____Pass ( ) Fail ( )

Revision (Juz) / المراجعة: جزء:_____Pass ( ) Fail ( )

Teacher Use: Date:_____ **Day:**_____ **Teacher:**_____ **Signature:**_____

New Hifz / Sabak / الجديد:_____Pass ( ) Fail ( )

Old Hifz for 7 Days / 7 Sabak / القديم ل ٧ أيام:_____Pass ( ) Fail ( )

Revision (Juz) / المراجعة: جزء:_____Pass ( ) Fail ( )

Teacher Use: Date:_____ **Day:**_____ **Teacher:**_____ **Signature:**_____

New Hifz / Sabak / الجديد:_____Pass ( ) Fail ( )

Old Hifz for 7 Days / 7 Sabak / القديم ل ٧ أيام:_____Pass ( ) Fail ( )

Revision (Juz) / المراجعة: جزء:_____Pass ( ) Fail ( )

Teacher Use: Date:_____ **Day:**_____ **Teacher:**_____ **Signature:**_____

New Hifz / Sabak / الجديد:_____Pass ( ) Fail ( )

Old Hifz for 7 Days / 7 Sabak / القديم ل ٧ أيام:_____Pass ( ) Fail ( )

Revision (Juz) / المراجعة: جزء:_____Pass ( ) Fail ( )

Teacher Use: Date:_____ **Day:**_____ **Teacher:**_____ **Signature:**_____

New Hifz / Sabak / الجديد:_____Pass ( ) Fail ( )

Old Hifz for 7 Days / 7 Sabak / القديم ل ٧ أيام:_____Pass ( ) Fail ( )

Revision (Juz) / المراجعة: جزء:_____Pass ( ) Fail ( )

Teacher Use: Date:_____ **Day:**_____ **Teacher:**_____ **Signature:**_____

New Hifz / Sabak / الجديد:_____Pass ( ) Fail ( )

Old Hifz for 7 Days / 7 Sabak / القديم ل ٧ أيام:_____Pass ( ) Fail ( )

Revision (Juz) / المراجعة: جزء:_____Pass ( ) Fail ( )

Private Education - Dār SEMA (Seminary & Project)
Home of Science, English, Maths & Arabic

*** PRIVATE EDUCATION ***

Teacher Use: Date:_____ **Day:**_____ **Teacher:**_____ **Signature:**_____
New Hifz / Sabak / الجديد: Arabic Page _____ Pass ( ) Fail ( )
Old Hifz for 7 Days / 7 Sabak / القديم ل ٧ أيام:_____ Pass ( ) Fail ( )
Revision (Juz) / المراجعة: جزء:_____ Pass ( ) Fail ( )

Teacher Use: Date:_____ **Day:**_____ **Teacher:**_____ **Signature:**_____
New Hifz / Sabak / الجديد:_____ Pass ( ) Fail ( )
Old Hifz for 7 Days / 7 Sabak / القديم ل ٧ أيام:_____ Pass ( ) Fail ( )
Revision (Juz) / المراجعة: جزء:_____ Pass ( ) Fail ( )

Teacher Use: Date:_____ **Day:**_____ **Teacher:**_____ **Signature:**_____
New Hifz / Sabak / الجديد:_____ Pass ( ) Fail ( )
Old Hifz for 7 Days / 7 Sabak / القديم ل ٧ أيام:_____ Pass ( ) Fail ( )
Revision (Juz) / المراجعة: جزء:_____ Pass ( ) Fail ( )

Teacher Use: Date:_____ **Day:**_____ **Teacher:**_____ **Signature:**_____
New Hifz / Sabak / الجديد:_____ Pass ( ) Fail ( )
Old Hifz for 7 Days / 7 Sabak / القديم ل ٧ أيام:_____ Pass ( ) Fail ( )
Revision (Juz) / المراجعة: جزء:_____ Pass ( ) Fail ( )

Teacher Use: Date:_____ **Day:**_____ **Teacher:**_____ **Signature:**_____
New Hifz / Sabak / الجديد:_____ Pass ( ) Fail ( )
Old Hifz for 7 Days / 7 Sabak / القديم ل ٧ أيام:_____ Pass ( ) Fail ( )
Revision (Juz) / المراجعة: جزء:_____ Pass ( ) Fail ( )

Teacher Use: Date:_____ **Day:**_____ **Teacher:**_____ **Signature:**_____
New Hifz / Sabak / الجديد:_____ Pass ( ) Fail ( )
Old Hifz for 7 Days / 7 Sabak / القديم ل ٧ أيام:_____ Pass ( ) Fail ( )
Revision (Juz) / المراجعة: جزء:_____ Pass ( ) Fail ( )

Private Education - Dār SEMA (Seminary & Project)
Home of Science, English, Maths & Arabic

*** PRIVATE EDUCATION ***

Teacher Use: Date:_____ **Day:**_____ **Teacher:**_____ **Signature:**_____

New Hifz / Sabak / الجديد:_____ Pass ( ) Fail ( )

Old Hifz for 7 Days / 7 Sabak / القديم ل٧ أيام:_____ Pass ( ) Fail ( )

Revision (Juz) / المراجعة: جزء:_____ Pass ( ) Fail ( )

Teacher Use: Date:_____ **Day:**_____ **Teacher:**_____ **Signature:**_____

New Hifz / Sabak / الجديد:_____ Pass ( ) Fail ( )

Old Hifz for 7 Days / 7 Sabak / القديم ل٧ أيام:_____ Pass ( ) Fail ( )

Revision (Juz) / المراجعة: جزء:_____ Pass ( ) Fail ( )

Teacher Use: Date:_____ **Day:**_____ **Teacher:**_____ **Signature:**_____

New Hifz / Sabak / الجديد:_____ Pass ( ) Fail ( )

Old Hifz for 7 Days / 7 Sabak / القديم ل٧ أيام:_____ Pass ( ) Fail ( )

Revision (Juz) / المراجعة: جزء:_____ Pass ( ) Fail ( )

Teacher Use: Date:_____ **Day:**_____ **Teacher:**_____ **Signature:**_____

New Hifz / Sabak / الجديد:_____ Pass ( ) Fail ( )

Old Hifz for 7 Days / 7 Sabak / القديم ل٧ أيام:_____ Pass ( ) Fail ( )

Revision (Juz) / المراجعة: جزء:_____ Pass ( ) Fail ( )

Teacher Use: Date:_____ **Day:**_____ **Teacher:**_____ **Signature:**_____

New Hifz / Sabak / الجديد:_____ Pass ( ) Fail ( )

Old Hifz for 7 Days / 7 Sabak / القديم ل٧ أيام:_____ Pass ( ) Fail ( )

Revision (Juz) / المراجعة: جزء:_____ Pass ( ) Fail ( )

Teacher Use: Date:_____ **Day:**_____ **Teacher:**_____ **Signature:**_____

New Hifz / Sabak / الجديد:_____ Pass ( ) Fail ( )

Old Hifz for 7 Days / 7 Sabak / القديم ل٧ أيام:_____ Pass ( ) Fail ( )

Revision (Juz) / المراجعة: جزء:_____ Pass ( ) Fail ( )

Private Education - Dār SEMA (Seminary & Project)
Home of Science, English, Maths & Arabic

*** PRIVATE EDUCATION ***

Teacher Use: Date:_____ Day:_____ Teacher:_____ Signature:_____

New Hifz / Sabak / الجديد:_____Pass ( ) Fail ( )

Old Hifz for 7 Days / 7 Sabak / القديم ل ٧ أيام:_____Pass ( ) Fail ( )

Revision (Juz) / المراجعة: جزء:_____Pass ( ) Fail ( )

Teacher Use: Date:_____ Day:_____ Teacher:_____ Signature:_____

New Hifz / Sabak / الجديد:_____Pass ( ) Fail ( )

Old Hifz for 7 Days / 7 Sabak / القديم ل ٧ أيام:_____Pass ( ) Fail ( )

Revision (Juz) / المراجعة: جزء:_____Pass ( ) Fail ( )

Teacher Use: Date:_____ Day:_____ Teacher:_____ Signature:_____

New Hifz / Sabak / الجديد:_____Pass ( ) Fail ( )

Old Hifz for 7 Days / 7 Sabak / القديم ل ٧ أيام:_____Pass ( ) Fail ( )

Revision (Juz) / المراجعة: جزء:_____Pass ( ) Fail ( )

Teacher Use: Date:_____ Day:_____ Teacher:_____ Signature:_____

New Hifz / Sabak / الجديد:_____Pass ( ) Fail ( )

Old Hifz for 7 Days / 7 Sabak / القديم ل ٧ أيام:_____Pass ( ) Fail ( )

Revision (Juz) / المراجعة: جزء:_____Pass ( ) Fail ( )

Teacher Use: Date:_____ Day:_____ Teacher:_____ Signature:_____

New Hifz / Sabak / الجديد:_____Pass ( ) Fail ( )

Old Hifz for 7 Days / 7 Sabak / القديم ل ٧ أيام:_____Pass ( ) Fail ( )

Revision (Juz) / المراجعة: جزء:_____Pass ( ) Fail ( )

Teacher Use: Date:_____ Day:_____ Teacher:_____ Signature:_____

New Hifz / Sabak / الجديد:_____Pass ( ) Fail ( )

Old Hifz for 7 Days / 7 Sabak / القديم ل ٧ أيام:_____Pass ( ) Fail ( )

Revision (Juz) / المراجعة: جزء:_____Pass ( ) Fail ( )

Private Education - Dār SEMA (Seminary & Project)
Home of Science, English, Maths & Arabic

*** PRIVATE EDUCATION ***

Teacher Use: Date:_____ **Day:**_____ **Teacher:**_____ **Signature:**_____

New Hifz / Sabak / الجديد:_____ Pass ( ) Fail ( )

Old Hifz for 7 Days / 7 Sabak / القديم ل ٧ أيام:_____ Pass ( ) Fail ( )

Revision (Juz) / المراجعة: جزء:_____ Pass ( ) Fail ( )

Teacher Use: Date:_____ **Day:**_____ **Teacher:**_____ **Signature:**_____

New Hifz / Sabak / الجديد:_____ Pass ( ) Fail ( )

Old Hifz for 7 Days / 7 Sabak / القديم ل ٧ أيام:_____ Pass ( ) Fail ( )

Revision (Juz) / المراجعة: جزء:_____ Pass ( ) Fail ( )

Teacher Use: Date:_____ **Day:**_____ **Teacher:**_____ **Signature:**_____

New Hifz / Sabak / الجديد:_____ Pass ( ) Fail ( )

Old Hifz for 7 Days / 7 Sabak / القديم ل ٧ أيام:_____ Pass ( ) Fail ( )

Revision (Juz) / المراجعة: جزء:_____ Pass ( ) Fail ( )

Teacher Use: Date:_____ **Day:**_____ **Teacher:**_____ **Signature:**_____

New Hifz / Sabak / الجديد:_____ Pass ( ) Fail ( )

Old Hifz for 7 Days / 7 Sabak / القديم ل ٧ أيام:_____ Pass ( ) Fail ( )

Revision (Juz) / المراجعة: جزء:_____ Pass ( ) Fail ( )

Teacher Use: Date:_____ **Day:**_____ **Teacher:**_____ **Signature:**_____

New Hifz / Sabak / الجديد:_____ Pass ( ) Fail ( )

Old Hifz for 7 Days / 7 Sabak / القديم ل ٧ أيام:_____ Pass ( ) Fail ( )

Revision (Juz) / المراجعة: جزء:_____ Pass ( ) Fail ( )

Teacher Use: Date:_____ **Day:**_____ **Teacher:**_____ **Signature:**_____

New Hifz / Sabak / الجديد:_____ Pass ( ) Fail ( )

Old Hifz for 7 Days / 7 Sabak / القديم ل ٧ أيام:_____ Pass ( ) Fail ( )

Revision (Juz) / المراجعة: جزء:_____ Pass ( ) Fail ( )

Private Education - Dār SEMA (Seminary & Project)
Home of Science, English, Maths & Arabic

*** PRIVATE EDUCATION ***

Teacher Use: Date:_____ **Day:**_____ **Teacher:**_____ **Signature:**_____

New Hifz / Sabak / الجديد:_____Pass ( ) Fail ( )

Old Hifz for 7 Days / 7 Sabak / القديم ل ٧ أيام:_____Pass ( ) Fail ( )

Revision (Juz) / المراجعة: جزء:_____Pass ( ) Fail ( )

Teacher Use: Date:_____ **Day:**_____ **Teacher:**_____ **Signature:**_____

New Hifz / Sabak / الجديد:_____Pass ( ) Fail ( )

Old Hifz for 7 Days / 7 Sabak / القديم ل ٧ أيام:_____Pass ( ) Fail ( )

Revision (Juz) / المراجعة: جزء:_____Pass ( ) Fail ( )

Teacher Use: Date:_____ **Day:**_____ **Teacher:**_____ **Signature:**_____

New Hifz / Sabak / الجديد:_____Pass ( ) Fail ( )

Old Hifz for 7 Days / 7 Sabak / القديم ل ٧ أيام:_____Pass ( ) Fail ( )

Revision (Juz) / المراجعة: جزء:_____Pass ( ) Fail ( )

Teacher Use: Date:_____ **Day:**_____ **Teacher:**_____ **Signature:**_____

New Hifz / Sabak / الجديد:_____Pass ( ) Fail ( )

Old Hifz for 7 Days / 7 Sabak / القديم ل ٧ أيام:_____Pass ( ) Fail ( )

Revision (Juz) / المراجعة: جزء:_____Pass ( ) Fail ( )

Teacher Use: Date:_____ **Day:**_____ **Teacher:**_____ **Signature:**_____

New Hifz / Sabak / الجديد:_____Pass ( ) Fail ( )

Old Hifz for 7 Days / 7 Sabak / القديم ل ٧ أيام:_____Pass ( ) Fail ( )

Revision (Juz) / المراجعة: جزء:_____Pass ( ) Fail ( )

Teacher Use: Date:_____ **Day:**_____ **Teacher:**_____ **Signature:**_____

New Hifz / Sabak / الجديد:_____Pass ( ) Fail ( )

Old Hifz for 7 Days / 7 Sabak / القديم ل ٧ أيام:_____Pass ( ) Fail ( )

Revision (Juz) / المراجعة: جزء:_____Pass ( ) Fail ( )

Private Education - Dār SEMA (Seminary & Project)
Home of Science, English, Maths & Arabic

*** PRIVATE EDUCATION ***

Teacher Use: Date:_____ **Day:**_____ **Teacher:**_____ **Signature:**_____

New Hifz / Sabak / الجديد:_____Pass ( ) Fail ( )

Old Hifz for 7 Days / 7 Sabak / القديم ل ٧ أيام:_____Pass ( ) Fail ( )

Revision (Juz) / جزء: المراجعة:_____Pass ( ) Fail ( )

Teacher Use: Date:_____ **Day:**_____ **Teacher:**_____ **Signature:**_____

New Hifz / Sabak / الجديد:_____Pass ( ) Fail ( )

Old Hifz for 7 Days / 7 Sabak / القديم ل ٧ أيام:_____Pass ( ) Fail ( )

Revision (Juz) / جزء: المراجعة:_____Pass ( ) Fail ( )

Teacher Use: Date:_____ **Day:**_____ **Teacher:**_____ **Signature:**_____

New Hifz / Sabak / الجديد:_____Pass ( ) Fail ( )

Old Hifz for 7 Days / 7 Sabak / القديم ل ٧ أيام:_____Pass ( ) Fail ( )

Revision (Juz) / جزء: المراجعة:_____Pass ( ) Fail ( )

Teacher Use: Date:_____ **Day:**_____ **Teacher:**_____ **Signature:**_____

New Hifz / Sabak / الجديد:_____Pass ( ) Fail ( )

Old Hifz for 7 Days / 7 Sabak / القديم ل ٧ أيام:_____Pass ( ) Fail ( )

Revision (Juz) / جزء: المراجعة:_____Pass ( ) Fail ( )

Teacher Use: Date:_____ **Day:**_____ **Teacher:**_____ **Signature:**_____

New Hifz / Sabak / الجديد:_____Pass ( ) Fail ( )

Old Hifz for 7 Days / 7 Sabak / القديم ل ٧ أيام:_____Pass ( ) Fail ( )

Revision (Juz) / جزء: المراجعة:_____Pass ( ) Fail ( )

Teacher Use: Date:_____ **Day:**_____ **Teacher:**_____ **Signature:**_____

New Hifz / Sabak / الجديد:_____Pass ( ) Fail ( )

Old Hifz for 7 Days / 7 Sabak / القديم ل ٧ أيام:_____Pass ( ) Fail ( )

Revision (Juz) / جزء: المراجعة:_____Pass ( ) Fail ( )

Private Education - Dār SEMA (Seminary & Project)
Home of Science, English, Maths & Arabic

*** PRIVATE EDUCATION ***

Teacher Use: Date:_____ Day:_____ Teacher:_____ Signature:_____

New Hifz / Sabak / الجديد: _____Pass ( ) Fail ( )

Old Hifz for 7 Days / 7 Sabak / القديم ل ٧ أيام:_____Pass ( ) Fail ( )

Revision (Juz) / المراجعة: جزء:_____Pass ( ) Fail ( )

Teacher Use: Date:_____ Day:_____ Teacher:_____ Signature:_____

New Hifz / Sabak / الجديد: _____Pass ( ) Fail ( )

Old Hifz for 7 Days / 7 Sabak / القديم ل ٧ أيام:_____Pass ( ) Fail ( )

Revision (Juz) / المراجعة: جزء:_____Pass ( ) Fail ( )

Teacher Use: Date:_____ Day:_____ Teacher:_____ Signature:_____

New Hifz / Sabak / الجديد: _____Pass ( ) Fail ( )

Old Hifz for 7 Days / 7 Sabak / القديم ل ٧ أيام:_____Pass ( ) Fail ( )

Revision (Juz) / المراجعة: جزء:_____Pass ( ) Fail ( )

Teacher Use: Date:_____ Day:_____ Teacher:_____ Signature:_____

New Hifz / Sabak / الجديد: _____Pass ( ) Fail ( )

Old Hifz for 7 Days / 7 Sabak / القديم ل ٧ أيام:_____Pass ( ) Fail ( )

Revision (Juz) / المراجعة: جزء:_____Pass ( ) Fail ( )

Teacher Use: Date:_____ Day:_____ Teacher:_____ Signature:_____

New Hifz / Sabak / الجديد: _____Pass ( ) Fail ( )

Old Hifz for 7 Days / 7 Sabak / القديم ل ٧ أيام:_____Pass ( ) Fail ( )

Revision (Juz) / المراجعة: جزء:_____Pass ( ) Fail ( )

Teacher Use: Date:_____ Day:_____ Teacher:_____ Signature:_____

New Hifz / Sabak / الجديد: _____Pass ( ) Fail ( )

Old Hifz for 7 Days / 7 Sabak / القديم ل ٧ أيام:_____Pass ( ) Fail ( )

Revision (Juz) / المراجعة: جزء:_____Pass ( ) Fail ( )

Private Education - Dār SEMA (Seminary & Project)
Home of Science, English, Maths & Arabic

*** PRIVATE EDUCATION ***

Teacher Use: Date:_____**Day:**_____**Teacher:**_____**Signature:**_____

New Hifz / Sabak / الجديد:_____Pass ( ) Fail ( )

Old Hifz for 7 Days / 7 Sabak / القديم ل ٧ أيام:_____Pass ( ) Fail ( )

Revision (Juz) / المراجعة: جزء:_____Pass ( ) Fail ( )

Teacher Use: Date:_____**Day:**_____**Teacher:**_____**Signature:**_____

New Hifz / Sabak / الجديد:_____Pass ( ) Fail ( )

Old Hifz for 7 Days / 7 Sabak / القديم ل ٧ أيام:_____Pass ( ) Fail ( )

Revision (Juz) / المراجعة: جزء:_____Pass ( ) Fail ( )

Teacher Use: Date:_____**Day:**_____**Teacher:**_____**Signature:**_____

New Hifz / Sabak / الجديد:_____Pass ( ) Fail ( )

Old Hifz for 7 Days / 7 Sabak / القديم ل ٧ أيام:_____Pass ( ) Fail ( )

Revision (Juz) / المراجعة: جزء:_____Pass ( ) Fail ( )

Teacher Use: Date:_____**Day:**_____**Teacher:**_____**Signature:**_____

New Hifz / Sabak / الجديد:_____Pass ( ) Fail ( )

Old Hifz for 7 Days / 7 Sabak / القديم ل ٧ أيام:_____Pass ( ) Fail ( )

Revision (Juz) / المراجعة: جزء:_____Pass ( ) Fail ( )

Teacher Use: Date:_____**Day:**_____**Teacher:**_____**Signature:**_____

New Hifz / Sabak / الجديد:_____Pass ( ) Fail ( )

Old Hifz for 7 Days / 7 Sabak / القديم ل ٧ أيام:_____Pass ( ) Fail ( )

Revision (Juz) / المراجعة: جزء:_____Pass ( ) Fail ( )

Teacher Use: Date:_____**Day:**_____**Teacher:**_____**Signature:**_____

New Hifz / Sabak / الجديد:_____Pass ( ) Fail ( )

Old Hifz for 7 Days / 7 Sabak / القديم ل ٧ أيام:_____Pass ( ) Fail ( )

Revision (Juz) / المراجعة: جزء:_____Pass ( ) Fail ( )

Private Education - Dār SEMA (Seminary & Project)
Home of Science, English, Maths & Arabic

*** PRIVATE EDUCATION ***

Teacher Use: Date:_____**Day:**_____**Teacher:**_____**Signature:**_____

New Hifz / Sabak / الجديد:_____Pass ( ) Fail ( )

Old Hifz for 7 Days / 7 Sabak / القديم ل ۷ أيام:_____Pass ( ) Fail ( )

Revision (Juz) / جزء : المراجعة:_____Pass ( ) Fail ( )

Teacher Use: Date:_____**Day:**_____**Teacher:**_____**Signature:**_____

New Hifz / Sabak / الجديد:_____Pass ( ) Fail ( )

Old Hifz for 7 Days / 7 Sabak / القديم ل ۷ أيام:_____Pass ( ) Fail ( )

Revision (Juz) / جزء : المراجعة:_____Pass ( ) Fail ( )

Teacher Use: Date:_____**Day:**_____**Teacher:**_____**Signature:**_____

New Hifz / Sabak / الجديد:_____Pass ( ) Fail ( )

Old Hifz for 7 Days / 7 Sabak / القديم ل ۷ أيام:_____Pass ( ) Fail ( )

Revision (Juz) / جزء : المراجعة:_____Pass ( ) Fail ( )

Teacher Use: Date:_____**Day:**_____**Teacher:**_____**Signature:**_____

New Hifz / Sabak / الجديد:_____Pass ( ) Fail ( )

Old Hifz for 7 Days / 7 Sabak / القديم ل ۷ أيام:_____Pass ( ) Fail ( )

Revision (Juz) / جزء : المراجعة:_____Pass ( ) Fail ( )

Teacher Use: Date:_____**Day:**_____**Teacher:**_____**Signature:**_____

New Hifz / Sabak / الجديد:_____Pass ( ) Fail ( )

Old Hifz for 7 Days / 7 Sabak / القديم ل ۷ أيام:_____Pass ( ) Fail ( )

Revision (Juz) / جزء : المراجعة:_____Pass ( ) Fail ( )

Teacher Use: Date:_____**Day:**_____**Teacher:**_____**Signature:**_____

New Hifz / Sabak / الجديد:_____Pass ( ) Fail ( )

Old Hifz for 7 Days / 7 Sabak / القديم ل ۷ أيام:_____Pass ( ) Fail ( )

Revision (Juz) / جزء : المراجعة:_____Pass ( ) Fail ( )

Private Education - Dār SEMA (Seminary & Project)
Home of Science, English, Maths & Arabic

*** PRIVATE EDUCATION ***

Teacher Use: Date:_____ **Day:**_____ **Teacher:**_____ **Signature:**_____

New Hifz / Sabak / الجديد: _____ Pass ( ) Fail ( )

Old Hifz for 7 Days / 7 Sabak / القديم ل ٧ أيام: _____ Pass ( ) Fail ( )

Revision (Juz) / المراجعة: جزء: _____ Pass ( ) Fail ( )

Teacher Use: Date:_____ **Day:**_____ **Teacher:**_____ **Signature:**_____

New Hifz / Sabak / الجديد: _____ Pass ( ) Fail ( )

Old Hifz for 7 Days / 7 Sabak / القديم ل ٧ أيام: _____ Pass ( ) Fail ( )

Revision (Juz) / المراجعة: جزء: _____ Pass ( ) Fail ( )

Teacher Use: Date:_____ **Day:**_____ **Teacher:**_____ **Signature:**_____

New Hifz / Sabak / الجديد: _____ Pass ( ) Fail ( )

Old Hifz for 7 Days / 7 Sabak / القديم ل ٧ أيام: _____ Pass ( ) Fail ( )

Revision (Juz) / المراجعة: جزء: _____ Pass ( ) Fail ( )

Teacher Use: Date:_____ **Day:**_____ **Teacher:**_____ **Signature:**_____

New Hifz / Sabak / الجديد: _____ Pass ( ) Fail ( )

Old Hifz for 7 Days / 7 Sabak / القديم ل ٧ أيام: _____ Pass ( ) Fail ( )

Revision (Juz) / المراجعة: جزء: _____ Pass ( ) Fail ( )

Teacher Use: Date:_____ **Day:**_____ **Teacher:**_____ **Signature:**_____

New Hifz / Sabak / الجديد: _____ Pass ( ) Fail ( )

Old Hifz for 7 Days / 7 Sabak / القديم ل ٧ أيام: _____ Pass ( ) Fail ( )

Revision (Juz) / المراجعة: جزء: _____ Pass ( ) Fail ( )

Teacher Use: Date:_____ **Day:**_____ **Teacher:**_____ **Signature:**_____

New Hifz / Sabak / الجديد: _____ Pass ( ) Fail ( )

Old Hifz for 7 Days / 7 Sabak / القديم ل ٧ أيام: _____ Pass ( ) Fail ( )

Revision (Juz) / المراجعة: جزء: _____ Pass ( ) Fail ( )

Private Education - Dār SEMA (Seminary & Project)
Home of Science, English, Maths & Arabic

*** PRIVATE EDUCATION ***

Teacher Use: Date:_____ **Day:**_____ **Teacher:**_____ **Signature:**_____

New Hifz / Sabak / الجديد:_____Pass ( ) Fail ( )

Old Hifz for 7 Days / 7 Sabak / القديم ل٧ أيام:_____Pass ( ) Fail ( )

Revision (Juz) / المراجعة: جزء:_____Pass ( ) Fail ( )

Teacher Use: Date:_____ **Day:**_____ **Teacher:**_____ **Signature:**_____

New Hifz / Sabak / الجديد:_____Pass ( ) Fail ( )

Old Hifz for 7 Days / 7 Sabak / القديم ل٧ أيام:_____Pass ( ) Fail ( )

Revision (Juz) / المراجعة: جزء:_____Pass ( ) Fail ( )

Teacher Use: Date:_____ **Day:**_____ **Teacher:**_____ **Signature:**_____

New Hifz / Sabak / الجديد:_____Pass ( ) Fail ( )

Old Hifz for 7 Days / 7 Sabak / القديم ل٧ أيام:_____Pass ( ) Fail ( )

Revision (Juz) / المراجعة: جزء:_____Pass ( ) Fail ( )

Teacher Use: Date:_____ **Day:**_____ **Teacher:**_____ **Signature:**_____

New Hifz / Sabak / الجديد:_____Pass ( ) Fail ( )

Old Hifz for 7 Days / 7 Sabak / القديم ل٧ أيام:_____Pass ( ) Fail ( )

Revision (Juz) / المراجعة: جزء:_____Pass ( ) Fail ( )

Teacher Use: Date:_____ **Day:**_____ **Teacher:**_____ **Signature:**_____

New Hifz / Sabak / الجديد:_____Pass ( ) Fail ( )

Old Hifz for 7 Days / 7 Sabak / القديم ل٧ أيام:_____Pass ( ) Fail ( )

Revision (Juz) / المراجعة: جزء:_____Pass ( ) Fail ( )

Teacher Use: Date:_____ **Day:**_____ **Teacher:**_____ **Signature:**_____

New Hifz / Sabak / الجديد:_____Pass ( ) Fail ( )

Old Hifz for 7 Days / 7 Sabak / القديم ل٧ أيام:_____Pass ( ) Fail ( )

Revision (Juz) / المراجعة: جزء:_____Pass ( ) Fail ( )

Private Education - Dār SEMA (Seminary & Project)
Home of Science, English, Maths & Arabic

*** PRIVATE EDUCATION ***

Teacher Use: Date:_____ **Day:**_____ **Teacher:**_____ **Signature:**_____

New Hifz / Sabak / الجديد:_____Pass ( ) Fail ( )

Old Hifz for 7 Days / 7 Sabak / القديم ل ٧ أيام:_____Pass ( ) Fail ( )

Revision (Juz) / المراجعة: جزء:_____Pass ( ) Fail ( )

Teacher Use: Date:_____ **Day:**_____ **Teacher:**_____ **Signature:**_____

New Hifz / Sabak / الجديد:_____Pass ( ) Fail ( )

Old Hifz for 7 Days / 7 Sabak / القديم ل ٧ أيام:_____Pass ( ) Fail ( )

Revision (Juz) / المراجعة: جزء:_____Pass ( ) Fail ( )

Teacher Use: Date:_____ **Day:**_____ **Teacher:**_____ **Signature:**_____

New Hifz / Sabak / الجديد:_____Pass ( ) Fail ( )

Old Hifz for 7 Days / 7 Sabak / القديم ل ٧ أيام:_____Pass ( ) Fail ( )

Revision (Juz) / المراجعة: جزء:_____Pass ( ) Fail ( )

Teacher Use: Date:_____ **Day:**_____ **Teacher:**_____ **Signature:**_____

New Hifz / Sabak / الجديد:_____Pass ( ) Fail ( )

Old Hifz for 7 Days / 7 Sabak / القديم ل ٧ أيام:_____Pass ( ) Fail ( )

Revision (Juz) / المراجعة: جزء:_____Pass ( ) Fail ( )

Teacher Use: Date:_____ **Day:**_____ **Teacher:**_____ **Signature:**_____

New Hifz / Sabak / الجديد:_____Pass ( ) Fail ( )

Old Hifz for 7 Days / 7 Sabak / القديم ل ٧ أيام:_____Pass ( ) Fail ( )

Revision (Juz) / المراجعة: جزء:_____Pass ( ) Fail ( )

Teacher Use: Date:_____ **Day:**_____ **Teacher:**_____ **Signature:**_____

New Hifz / Sabak / الجديد:_____Pass ( ) Fail ( )

Old Hifz for 7 Days / 7 Sabak / القديم ل ٧ أيام:_____Pass ( ) Fail ( )

Revision (Juz) / المراجعة: جزء:_____Pass ( ) Fail ( )

Private Education - Dār SEMA (Seminary & Project)
Home of Science, English, Maths & Arabic

*** PRIVATE EDUCATION ***

Teacher Use: Date:_____ **Day:**_____ **Teacher:**_____ **Signature:**_____

New Hifz / Sabak / الجديد:_____Pass ( ) Fail ( )

Old Hifz for 7 Days / 7 Sabak / القديم لـ٧ أيام:_____Pass ( ) Fail ( )

Revision (Juz) / المراجعة: جزء:_____Pass ( ) Fail ( )

Teacher Use: Date:_____ **Day:**_____ **Teacher:**_____ **Signature:**_____

New Hifz / Sabak / الجديد:_____Pass ( ) Fail ( )

Old Hifz for 7 Days / 7 Sabak / القديم لـ٧ أيام:_____Pass ( ) Fail ( )

Revision (Juz) / المراجعة: جزء:_____Pass ( ) Fail ( )

Teacher Use: Date:_____ **Day:**_____ **Teacher:**_____ **Signature:**_____

New Hifz / Sabak / الجديد:_____Pass ( ) Fail ( )

Old Hifz for 7 Days / 7 Sabak / القديم لـ٧ أيام:_____Pass ( ) Fail ( )

Revision (Juz) / المراجعة: جزء:_____Pass ( ) Fail ( )

Teacher Use: Date:_____ **Day:**_____ **Teacher:**_____ **Signature:**_____

New Hifz / Sabak / الجديد:_____Pass ( ) Fail ( )

Old Hifz for 7 Days / 7 Sabak / القديم لـ٧ أيام:_____Pass ( ) Fail ( )

Revision (Juz) / المراجعة: جزء:_____Pass ( ) Fail ( )

Teacher Use: Date:_____ **Day:**_____ **Teacher:**_____ **Signature:**_____

New Hifz / Sabak / الجديد:_____Pass ( ) Fail ( )

Old Hifz for 7 Days / 7 Sabak / القديم لـ٧ أيام:_____Pass ( ) Fail ( )

Revision (Juz) / المراجعة: جزء:_____Pass ( ) Fail ( )

Teacher Use: Date:_____ **Day:**_____ **Teacher:**_____ **Signature:**_____

New Hifz / Sabak / الجديد:_____Pass ( ) Fail ( )

Old Hifz for 7 Days / 7 Sabak / القديم لـ٧ أيام:_____Pass ( ) Fail ( )

Revision (Juz) / المراجعة: جزء:_____Pass ( ) Fail ( )

Private Education - Dār SEMA (Seminary & Project)
Home of Science, English, Maths & Arabic

*** PRIVATE EDUCATION ***

Teacher Use: Date:_____ **Day:**_____ **Teacher:**_____ **Signature:**_____

New Hifz / Sabak / الجديد: _____ Pass ( ) Fail ( )

Old Hifz for 7 Days / 7 Sabak / القديم ل٧ أيام: _____ Pass ( ) Fail ( )

Revision (Juz) / جزء : المراجعة: _____ Pass ( ) Fail ( )

Teacher Use: Date:_____ **Day:**_____ **Teacher:**_____ **Signature:**_____

New Hifz / Sabak / الجديد: _____ Pass ( ) Fail ( )

Old Hifz for 7 Days / 7 Sabak / القديم ل٧ أيام: _____ Pass ( ) Fail ( )

Revision (Juz) / جزء : المراجعة: _____ Pass ( ) Fail ( )

Teacher Use: Date:_____ **Day:**_____ **Teacher:**_____ **Signature:**_____

New Hifz / Sabak / الجديد: _____ Pass ( ) Fail ( )

Old Hifz for 7 Days / 7 Sabak / القديم ل٧ أيام: _____ Pass ( ) Fail ( )

Revision (Juz) / جزء : المراجعة: _____ Pass ( ) Fail ( )

Teacher Use: Date:_____ **Day:**_____ **Teacher:**_____ **Signature:**_____

New Hifz / Sabak / الجديد: _____ Pass ( ) Fail ( )

Old Hifz for 7 Days / 7 Sabak / القديم ل٧ أيام: _____ Pass ( ) Fail ( )

Revision (Juz) / جزء : المراجعة: _____ Pass ( ) Fail ( )

Teacher Use: Date:_____ **Day:**_____ **Teacher:**_____ **Signature:**_____

New Hifz / Sabak / الجديد: _____ Pass ( ) Fail ( )

Old Hifz for 7 Days / 7 Sabak / القديم ل٧ أيام: _____ Pass ( ) Fail ( )

Revision (Juz) / جزء : المراجعة: _____ Pass ( ) Fail ( )

Teacher Use: Date:_____ **Day:**_____ **Teacher:**_____ **Signature:**_____

New Hifz / Sabak / الجديد: _____ Pass ( ) Fail ( )

Old Hifz for 7 Days / 7 Sabak / القديم ل٧ أيام: _____ Pass ( ) Fail ( )

Revision (Juz) / جزء : المراجعة: _____ Pass ( ) Fail ( )

Private Education - Dār SEMA (Seminary & Project)
Home of Science, English, Maths & Arabic

*** PRIVATE EDUCATION ***

Teacher Use: Date:_____ **Day:**_____ **Teacher:**_____ **Signature:**_____

New Hifz / Sabak / الجديد: _____Pass ( ) Fail ( )

Old Hifz for 7 Days / 7 Sabak / القديم ل ٧ أيام:_____Pass ( ) Fail ( )

Revision (Juz) / المراجعة: جزء:_____Pass ( ) Fail ( )

Teacher Use: Date:_____ **Day:**_____ **Teacher:**_____ **Signature:**_____

New Hifz / Sabak / الجديد: _____Pass ( ) Fail ( )

Old Hifz for 7 Days / 7 Sabak / القديم ل ٧ أيام:_____Pass ( ) Fail ( )

Revision (Juz) / المراجعة: جزء:_____Pass ( ) Fail ( )

Teacher Use: Date:_____ **Day:**_____ **Teacher:**_____ **Signature:**_____

New Hifz / Sabak / الجديد: _____Pass ( ) Fail ( )

Old Hifz for 7 Days / 7 Sabak / القديم ل ٧ أيام:_____Pass ( ) Fail ( )

Revision (Juz) / المراجعة: جزء:_____Pass ( ) Fail ( )

Teacher Use: Date:_____ **Day:**_____ **Teacher:**_____ **Signature:**_____

New Hifz / Sabak / الجديد: _____Pass ( ) Fail ( )

Old Hifz for 7 Days / 7 Sabak / القديم ل ٧ أيام:_____Pass ( ) Fail ( )

Revision (Juz) / المراجعة: جزء:_____Pass ( ) Fail ( )

Teacher Use: Date:_____ **Day:**_____ **Teacher:**_____ **Signature:**_____

New Hifz / Sabak / الجديد: _____Pass ( ) Fail ( )

Old Hifz for 7 Days / 7 Sabak / القديم ل ٧ أيام:_____Pass ( ) Fail ( )

Revision (Juz) / المراجعة: جزء:_____Pass ( ) Fail ( )

Teacher Use: Date:_____ **Day:**_____ **Teacher:**_____ **Signature:**_____

New Hifz / Sabak / الجديد: _____Pass ( ) Fail ( )

Old Hifz for 7 Days / 7 Sabak / القديم ل ٧ أيام:_____Pass ( ) Fail ( )

Revision (Juz) / المراجعة: جزء:_____Pass ( ) Fail ( )

Private Education - Dār SEMA (Seminary & Project)
Home of Science, English, Maths & Arabic

*** PRIVATE EDUCATION ***

Teacher Use: Date:_____**Day:**_____**Teacher:**_____**Signature:**_____

New Hifz / Sabak / الجديد:_____Pass ( ) Fail ( )

Old Hifz for 7 Days / 7 Sabak / القديم ل٧ أيام:_____Pass ( ) Fail ( )

Revision (Juz) / المراجعة: جزء:_____Pass ( ) Fail ( )

Teacher Use: Date:_____**Day:**_____**Teacher:**_____**Signature:**_____

New Hifz / Sabak / الجديد:_____Pass ( ) Fail ( )

Old Hifz for 7 Days / 7 Sabak / القديم ل٧ أيام:_____Pass ( ) Fail ( )

Revision (Juz) / المراجعة: جزء:_____Pass ( ) Fail ( )

Teacher Use: Date:_____**Day:**_____**Teacher:**_____**Signature:**_____

New Hifz / Sabak / الجديد:_____Pass ( ) Fail ( )

Old Hifz for 7 Days / 7 Sabak / القديم ل٧ أيام:_____Pass ( ) Fail ( )

Revision (Juz) / المراجعة: جزء:_____Pass ( ) Fail ( )

Teacher Use: Date:_____**Day:**_____**Teacher:**_____**Signature:**_____

New Hifz / Sabak / الجديد:_____Pass ( ) Fail ( )

Old Hifz for 7 Days / 7 Sabak / القديم ل٧ أيام:_____Pass ( ) Fail ( )

Revision (Juz) / المراجعة: جزء:_____Pass ( ) Fail ( )

Teacher Use: Date:_____**Day:**_____**Teacher:**_____**Signature:**_____

New Hifz / Sabak / الجديد:_____Pass ( ) Fail ( )

Old Hifz for 7 Days / 7 Sabak / القديم ل٧ أيام:_____Pass ( ) Fail ( )

Revision (Juz) / المراجعة: جزء:_____Pass ( ) Fail ( )

Teacher Use: Date:_____**Day:**_____**Teacher:**_____**Signature:**_____

New Hifz / Sabak / الجديد:_____Pass ( ) Fail ( )

Old Hifz for 7 Days / 7 Sabak / القديم ل٧ أيام:_____Pass ( ) Fail ( )

Revision (Juz) / المراجعة: جزء:_____Pass ( ) Fail ( )

Private Education - Dār SEMA (Seminary & Project)
Home of Science, English, Maths & Arabic

*** PRIVATE EDUCATION ***

Teacher Use: Date:_____ **Day:**_____ **Teacher:**_____ **Signature:**_____

New Hifz / Sabak / الجديد: _____ Pass ( ) Fail ( )

Old Hifz for 7 Days / 7 Sabak / القديم ل٧ أيام: _____ Pass ( ) Fail ( )

Revision (Juz) / المراجعة: جزء: _____ Pass ( ) Fail ( )

Teacher Use: Date:_____ **Day:**_____ **Teacher:**_____ **Signature:**_____

New Hifz / Sabak / الجديد: _____ Pass ( ) Fail ( )

Old Hifz for 7 Days / 7 Sabak / القديم ل٧ أيام: _____ Pass ( ) Fail ( )

Revision (Juz) / المراجعة: جزء: _____ Pass ( ) Fail ( )

Teacher Use: Date:_____ **Day:**_____ **Teacher:**_____ **Signature:**_____

New Hifz / Sabak / الجديد: _____ Pass ( ) Fail ( )

Old Hifz for 7 Days / 7 Sabak / القديم ل٧ أيام: _____ Pass ( ) Fail ( )

Revision (Juz) / المراجعة: جزء: _____ Pass ( ) Fail ( )

Teacher Use: Date:_____ **Day:**_____ **Teacher:**_____ **Signature:**_____

New Hifz / Sabak / الجديد: _____ Pass ( ) Fail ( )

Old Hifz for 7 Days / 7 Sabak / القديم ل٧ أيام: _____ Pass ( ) Fail ( )

Revision (Juz) / المراجعة: جزء: _____ Pass ( ) Fail ( )

Teacher Use: Date:_____ **Day:**_____ **Teacher:**_____ **Signature:**_____

New Hifz / Sabak / الجديد: _____ Pass ( ) Fail ( )

Old Hifz for 7 Days / 7 Sabak / القديم ل٧ أيام: _____ Pass ( ) Fail ( )

Revision (Juz) / المراجعة: جزء: _____ Pass ( ) Fail ( )

Teacher Use: Date:_____ **Day:**_____ **Teacher:**_____ **Signature:**_____

New Hifz / Sabak / الجديد: _____ Pass ( ) Fail ( )

Old Hifz for 7 Days / 7 Sabak / القديم ل٧ أيام: _____ Pass ( ) Fail ( )

Revision (Juz) / المراجعة: جزء: _____ Pass ( ) Fail ( )

Private Education - Dār SEMA (Seminary & Project)
Home of Science, English, Maths & Arabic

*** PRIVATE EDUCATION ***

Teacher Use: Date:_____ **Day:**_____ **Teacher:**_____ **Signature:**_____

New Hifz / Sabak / الجديد: _____ Pass ( ) Fail ( )

Old Hifz for 7 Days / 7 Sabak / القديم ل ٧ أيام: _____ Pass ( ) Fail ( )

Revision (Juz) / المراجعة: جزء: _____ Pass ( ) Fail ( )

Teacher Use: Date:_____ **Day:**_____ **Teacher:**_____ **Signature:**_____

New Hifz / Sabak / الجديد: _____ Pass ( ) Fail ( )

Old Hifz for 7 Days / 7 Sabak / القديم ل ٧ أيام: _____ Pass ( ) Fail ( )

Revision (Juz) / المراجعة: جزء: _____ Pass ( ) Fail ( )

Teacher Use: Date:_____ **Day:**_____ **Teacher:**_____ **Signature:**_____

New Hifz / Sabak / الجديد: _____ Pass ( ) Fail ( )

Old Hifz for 7 Days / 7 Sabak / القديم ل ٧ أيام: _____ Pass ( ) Fail ( )

Revision (Juz) / المراجعة: جزء: _____ Pass ( ) Fail ( )

Teacher Use: Date:_____ **Day:**_____ **Teacher:**_____ **Signature:**_____

New Hifz / Sabak / الجديد: _____ Pass ( ) Fail ( )

Old Hifz for 7 Days / 7 Sabak / القديم ل ٧ أيام: _____ Pass ( ) Fail ( )

Revision (Juz) / المراجعة: جزء: _____ Pass ( ) Fail ( )

Teacher Use: Date:_____ **Day:**_____ **Teacher:**_____ **Signature:**_____

New Hifz / Sabak / الجديد: _____ Pass ( ) Fail ( )

Old Hifz for 7 Days / 7 Sabak / القديم ل ٧ أيام: _____ Pass ( ) Fail ( )

Revision (Juz) / المراجعة: جزء: _____ Pass ( ) Fail ( )

Teacher Use: Date:_____ **Day:**_____ **Teacher:**_____ **Signature:**_____

New Hifz / Sabak / الجديد: _____ Pass ( ) Fail ( )

Old Hifz for 7 Days / 7 Sabak / القديم ل ٧ أيام: _____ Pass ( ) Fail ( )

Revision (Juz) / المراجعة: جزء: _____ Pass ( ) Fail ( )

Private Education - Dār SEMA (Seminary & Project)
Home of Science, English, Maths & Arabic

*** PRIVATE EDUCATION ***

Teacher Use: Date:_____ **Day:**_____ **Teacher:**_____ **Signature:**_____

New Hifz / Sabak / الجديد:_____Pass ( ) Fail ( )

Old Hifz for 7 Days / 7 Sabak / القديم ل ٧ أيام:_____Pass ( ) Fail ( )

Revision (Juz) / جزء: المراجعة:_____Pass ( ) Fail ( )

Teacher Use: Date:_____ **Day:**_____ **Teacher:**_____ **Signature:**_____

New Hifz / Sabak / الجديد:_____Pass ( ) Fail ( )

Old Hifz for 7 Days / 7 Sabak / القديم ل ٧ أيام:_____Pass ( ) Fail ( )

Revision (Juz) / جزء: المراجعة:_____Pass ( ) Fail ( )

Teacher Use: Date:_____ **Day:**_____ **Teacher:**_____ **Signature:**_____

New Hifz / Sabak / الجديد:_____Pass ( ) Fail ( )

Old Hifz for 7 Days / 7 Sabak / القديم ل ٧ أيام:_____Pass ( ) Fail ( )

Revision (Juz) / جزء: المراجعة:_____Pass ( ) Fail ( )

Teacher Use: Date:_____ **Day:**_____ **Teacher:**_____ **Signature:**_____

New Hifz / Sabak / الجديد:_____Pass ( ) Fail ( )

Old Hifz for 7 Days / 7 Sabak / القديم ل ٧ أيام:_____Pass ( ) Fail ( )

Revision (Juz) / جزء: المراجعة:_____Pass ( ) Fail ( )

Teacher Use: Date:_____ **Day:**_____ **Teacher:**_____ **Signature:**_____

New Hifz / Sabak / الجديد:_____Pass ( ) Fail ( )

Old Hifz for 7 Days / 7 Sabak / القديم ل ٧ أيام:_____Pass ( ) Fail ( )

Revision (Juz) / جزء: المراجعة:_____Pass ( ) Fail ( )

Teacher Use: Date:_____ **Day:**_____ **Teacher:**_____ **Signature:**_____

New Hifz / Sabak / الجديد:_____Pass ( ) Fail ( )

Old Hifz for 7 Days / 7 Sabak / القديم ل ٧ أيام:_____Pass ( ) Fail ( )

Revision (Juz) / جزء: المراجعة:_____Pass ( ) Fail ( )

Private Education - Dār SEMA (Seminary & Project)
Home of Science, English, Maths & Arabic

*** PRIVATE EDUCATION ***

Teacher Use: Date:_____ **Day:**_____ **Teacher:**_____ **Signature:**_____

New Hifz / Sabak / الجديد: _____ Pass ( ) Fail ( )

Old Hifz for 7 Days / 7 Sabak / القديم ل٧ أيام: _____ Pass ( ) Fail ( )

Revision (Juz) / المراجعة: جزء: _____ Pass ( ) Fail ( )

Teacher Use: Date:_____ **Day:**_____ **Teacher:**_____ **Signature:**_____

New Hifz / Sabak / الجديد: _____ Pass ( ) Fail ( )

Old Hifz for 7 Days / 7 Sabak / القديم ل٧ أيام: _____ Pass ( ) Fail ( )

Revision (Juz) / المراجعة: جزء: _____ Pass ( ) Fail ( )

Teacher Use: Date:_____ **Day:**_____ **Teacher:**_____ **Signature:**_____

New Hifz / Sabak / الجديد: _____ Pass ( ) Fail ( )

Old Hifz for 7 Days / 7 Sabak / القديم ل٧ أيام: _____ Pass ( ) Fail ( )

Revision (Juz) / المراجعة: جزء: _____ Pass ( ) Fail ( )

Teacher Use: Date:_____ **Day:**_____ **Teacher:**_____ **Signature:**_____

New Hifz / Sabak / الجديد: _____ Pass ( ) Fail ( )

Old Hifz for 7 Days / 7 Sabak / القديم ل٧ أيام: _____ Pass ( ) Fail ( )

Revision (Juz) / المراجعة: جزء: _____ Pass ( ) Fail ( )

Teacher Use: Date:_____ **Day:**_____ **Teacher:**_____ **Signature:**_____

New Hifz / Sabak / الجديد: _____ Pass ( ) Fail ( )

Old Hifz for 7 Days / 7 Sabak / القديم ل٧ أيام: _____ Pass ( ) Fail ( )

Revision (Juz) / المراجعة: جزء: _____ Pass ( ) Fail ( )

Teacher Use: Date:_____ **Day:**_____ **Teacher:**_____ **Signature:**_____

New Hifz / Sabak / الجديد: _____ Pass ( ) Fail ( )

Old Hifz for 7 Days / 7 Sabak / القديم ل٧ أيام: _____ Pass ( ) Fail ( )

Revision (Juz) / المراجعة: جزء: _____ Pass ( ) Fail ( )

Private Education - Dār SEMA (Seminary & Project)
Home of Science, English, Maths & Arabic

*** PRIVATE EDUCATION ***

Teacher Use: Date:_____ **Day:**_____ **Teacher:**_____ **Signature:**_____

New Hifz / Sabak / الجديد:_____Pass ( ) Fail ( )

Old Hifz for 7 Days / 7 Sabak / القديم ل ۷ أيام:_____Pass ( ) Fail ( )

Revision (Juz) / المراجعة: جزء:_____Pass ( ) Fail ( )

Teacher Use: Date:_____ **Day:**_____ **Teacher:**_____ **Signature:**_____

New Hifz / Sabak / الجديد:_____Pass ( ) Fail ( )

Old Hifz for 7 Days / 7 Sabak / القديم ل ۷ أيام:_____Pass ( ) Fail ( )

Revision (Juz) / المراجعة: جزء:_____Pass ( ) Fail ( )

Teacher Use: Date:_____ **Day:**_____ **Teacher:**_____ **Signature:**_____

New Hifz / Sabak / الجديد:_____Pass ( ) Fail ( )

Old Hifz for 7 Days / 7 Sabak / القديم ل ۷ أيام:_____Pass ( ) Fail ( )

Revision (Juz) / المراجعة: جزء:_____Pass ( ) Fail ( )

Teacher Use: Date:_____ **Day:**_____ **Teacher:**_____ **Signature:**_____

New Hifz / Sabak / الجديد:_____Pass ( ) Fail ( )

Old Hifz for 7 Days / 7 Sabak / القديم ل ۷ أيام:_____Pass ( ) Fail ( )

Revision (Juz) / المراجعة: جزء:_____Pass ( ) Fail ( )

Teacher Use: Date:_____ **Day:**_____ **Teacher:**_____ **Signature:**_____

New Hifz / Sabak / الجديد:_____Pass ( ) Fail ( )

Old Hifz for 7 Days / 7 Sabak / القديم ل ۷ أيام:_____Pass ( ) Fail ( )

Revision (Juz) / المراجعة: جزء:_____Pass ( ) Fail ( )

Teacher Use: Date:_____ **Day:**_____ **Teacher:**_____ **Signature:**_____

New Hifz / Sabak / الجديد:_____Pass ( ) Fail ( )

Old Hifz for 7 Days / 7 Sabak / القديم ل ۷ أيام:_____Pass ( ) Fail ( )

Revision (Juz) / المراجعة: جزء:_____Pass ( ) Fail ( )

Private Education - Dār SEMA (Seminary & Project)
Home of Science, English, Maths & Arabic

*** PRIVATE EDUCATION ***

Teacher Use: Date:_____ **Day:**_____ **Teacher:**_____ **Signature:**_____

New Hifz / Sabak / الجديد: _____ Pass ( ) Fail ( )

Old Hifz for 7 Days / 7 Sabak / القديم ل ٧ أيام: _____ Pass ( ) Fail ( )

Revision (Juz) / المراجعة: جزء: _____ Pass ( ) Fail ( )

Teacher Use: Date:_____ **Day:**_____ **Teacher:**_____ **Signature:**_____

New Hifz / Sabak / الجديد: _____ Pass ( ) Fail ( )

Old Hifz for 7 Days / 7 Sabak / القديم ل ٧ أيام: _____ Pass ( ) Fail ( )

Revision (Juz) / المراجعة: جزء: _____ Pass ( ) Fail ( )

Teacher Use: Date:_____ **Day:**_____ **Teacher:**_____ **Signature:**_____

New Hifz / Sabak / الجديد: _____ Pass ( ) Fail ( )

Old Hifz for 7 Days / 7 Sabak / القديم ل ٧ أيام: _____ Pass ( ) Fail ( )

Revision (Juz) / المراجعة: جزء: _____ Pass ( ) Fail ( )

Teacher Use: Date:_____ **Day:**_____ **Teacher:**_____ **Signature:**_____

New Hifz / Sabak / الجديد: _____ Pass ( ) Fail ( )

Old Hifz for 7 Days / 7 Sabak / القديم ل ٧ أيام: _____ Pass ( ) Fail ( )

Revision (Juz) / المراجعة: جزء: _____ Pass ( ) Fail ( )

Teacher Use: Date:_____ **Day:**_____ **Teacher:**_____ **Signature:**_____

New Hifz / Sabak / الجديد: _____ Pass ( ) Fail ( )

Old Hifz for 7 Days / 7 Sabak / القديم ل ٧ أيام: _____ Pass ( ) Fail ( )

Revision (Juz) / المراجعة: جزء: _____ Pass ( ) Fail ( )

Teacher Use: Date:_____ **Day:**_____ **Teacher:**_____ **Signature:**_____

New Hifz / Sabak / الجديد: _____ Pass ( ) Fail ( )

Old Hifz for 7 Days / 7 Sabak / القديم ل ٧ أيام: _____ Pass ( ) Fail ( )

Revision (Juz) / المراجعة: جزء: _____ Pass ( ) Fail ( )

Private Education - Dār SEMA (Seminary & Project)
Home of Science, English, Maths & Arabic

*** PRIVATE EDUCATION ***

Teacher Use: Date:_____ **Day:**_____ **Teacher:**_____ **Signature:**_____

New Hifz / Sabak / الجديد:_____Pass ( ) Fail ( )

Old Hifz for 7 Days / 7 Sabak / القديم ل ۷ أيام:_____Pass ( ) Fail ( )

Revision (Juz) / جزء :المراجعة:_____Pass ( ) Fail ( )

Teacher Use: Date:_____ **Day:**_____ **Teacher:**_____ **Signature:**_____

New Hifz / Sabak / الجديد:_____Pass ( ) Fail ( )

Old Hifz for 7 Days / 7 Sabak / القديم ل ۷ أيام:_____Pass ( ) Fail ( )

Revision (Juz) / جزء :المراجعة:_____Pass ( ) Fail ( )

Teacher Use: Date:_____ **Day:**_____ **Teacher:**_____ **Signature:**_____

New Hifz / Sabak / الجديد:_____Pass ( ) Fail ( )

Old Hifz for 7 Days / 7 Sabak / القديم ل ۷ أيام:_____Pass ( ) Fail ( )

Revision (Juz) / جزء :المراجعة:_____Pass ( ) Fail ( )

Teacher Use: Date:_____ **Day:**_____ **Teacher:**_____ **Signature:**_____

New Hifz / Sabak / الجديد:_____Pass ( ) Fail ( )

Old Hifz for 7 Days / 7 Sabak / القديم ل ۷ أيام:_____Pass ( ) Fail ( )

Revision (Juz) / جزء :المراجعة:_____Pass ( ) Fail ( )

Teacher Use: Date:_____ **Day:**_____ **Teacher:**_____ **Signature:**_____

New Hifz / Sabak / الجديد:_____Pass ( ) Fail ( )

Old Hifz for 7 Days / 7 Sabak / القديم ل ۷ أيام:_____Pass ( ) Fail ( )

Revision (Juz) / جزء :المراجعة:_____Pass ( ) Fail ( )

Teacher Use: Date:_____ **Day:**_____ **Teacher:**_____ **Signature:**_____

New Hifz / Sabak / الجديد:_____Pass ( ) Fail ( )

Old Hifz for 7 Days / 7 Sabak / القديم ل ۷ أيام:_____Pass ( ) Fail ( )

Revision (Juz) / جزء :المراجعة:_____Pass ( ) Fail ( )

Private Education - Dār SEMA (Seminary & Project)
Home of Science, English, Maths & Arabic

*** PRIVATE EDUCATION ***

Teacher Use: Date:_____ Day:_____ Teacher:_____ Signature:_____

New Hifz / Sabak / الجديد:_____Pass ( ) Fail ( )

Old Hifz for 7 Days / 7 Sabak / القديم ل٧ أيام:_____Pass ( ) Fail ( )

Revision (Juz) / المراجعة: جزء:_____Pass ( ) Fail ( )

Teacher Use: Date:_____ Day:_____ Teacher:_____ Signature:_____

New Hifz / Sabak / الجديد:_____Pass ( ) Fail ( )

Old Hifz for 7 Days / 7 Sabak / القديم ل٧ أيام:_____Pass ( ) Fail ( )

Revision (Juz) / المراجعة: جزء:_____Pass ( ) Fail ( )

Teacher Use: Date:_____ Day:_____ Teacher:_____ Signature:_____

New Hifz / Sabak / الجديد:_____Pass ( ) Fail ( )

Old Hifz for 7 Days / 7 Sabak / القديم ل٧ أيام:_____Pass ( ) Fail ( )

Revision (Juz) / المراجعة: جزء:_____Pass ( ) Fail ( )

Teacher Use: Date:_____ Day:_____ Teacher:_____ Signature:_____

New Hifz / Sabak / الجديد:_____Pass ( ) Fail ( )

Old Hifz for 7 Days / 7 Sabak / القديم ل٧ أيام:_____Pass ( ) Fail ( )

Revision (Juz) / المراجعة: جزء:_____Pass ( ) Fail ( )

Teacher Use: Date:_____ Day:_____ Teacher:_____ Signature:_____

New Hifz / Sabak / الجديد:_____Pass ( ) Fail ( )

Old Hifz for 7 Days / 7 Sabak / القديم ل٧ أيام:_____Pass ( ) Fail ( )

Revision (Juz) / المراجعة: جزء:_____Pass ( ) Fail ( )

Teacher Use: Date:_____ Day:_____ Teacher:_____ Signature:_____

New Hifz / Sabak / الجديد:_____Pass ( ) Fail ( )

Old Hifz for 7 Days / 7 Sabak / القديم ل٧ أيام:_____Pass ( ) Fail ( )

Revision (Juz) / المراجعة: جزء:_____Pass ( ) Fail ( )

Private Education - Dār SEMA (Seminary & Project)
Home of Science, English, Maths & Arabic

*** PRIVATE EDUCATION ***

Teacher Use: Date:_____ **Day:**_____ **Teacher:**_____ **Signature:**_____

New Hifz / Sabak / الجديد:_____Pass ( ) Fail ( )

Old Hifz for 7 Days / 7 Sabak / القديم لـ ٧ أيام:_____Pass ( ) Fail ( )

Revision (Juz) / المراجعة: جزء:_____Pass ( ) Fail ( )

Teacher Use: Date:_____ **Day:**_____ **Teacher:**_____ **Signature:**_____

New Hifz / Sabak / الجديد:_____Pass ( ) Fail ( )

Old Hifz for 7 Days / 7 Sabak / القديم لـ ٧ أيام:_____Pass ( ) Fail ( )

Revision (Juz) / المراجعة: جزء:_____Pass ( ) Fail ( )

Teacher Use: Date:_____ **Day:**_____ **Teacher:**_____ **Signature:**_____

New Hifz / Sabak / الجديد:_____Pass ( ) Fail ( )

Old Hifz for 7 Days / 7 Sabak / القديم لـ ٧ أيام:_____Pass ( ) Fail ( )

Revision (Juz) / المراجعة: جزء:_____Pass ( ) Fail ( )

Teacher Use: Date:_____ **Day:**_____ **Teacher:**_____ **Signature:**_____

New Hifz / Sabak / الجديد:_____Pass ( ) Fail ( )

Old Hifz for 7 Days / 7 Sabak / القديم لـ ٧ أيام:_____Pass ( ) Fail ( )

Revision (Juz) / المراجعة: جزء:_____Pass ( ) Fail ( )

Teacher Use: Date:_____ **Day:**_____ **Teacher:**_____ **Signature:**_____

New Hifz / Sabak / الجديد:_____Pass ( ) Fail ( )

Old Hifz for 7 Days / 7 Sabak / القديم لـ ٧ أيام:_____Pass ( ) Fail ( )

Revision (Juz) / المراجعة: جزء:_____Pass ( ) Fail ( )

Teacher Use: Date:_____ **Day:**_____ **Teacher:**_____ **Signature:**_____

New Hifz / Sabak / الجديد:_____Pass ( ) Fail ( )

Old Hifz for 7 Days / 7 Sabak / القديم لـ ٧ أيام:_____Pass ( ) Fail ( )

Revision (Juz) / المراجعة: جزء:_____Pass ( ) Fail ( )

Private Education - Dār SEMA (Seminary & Project)
Home of Science, English, Maths & Arabic

*** PRIVATE EDUCATION ***

Teacher Use: Date:_____ **Day:**_____ **Teacher:**_____ **Signature:**_____

New Hifz / Sabak / الجديد:_____Pass ( ) Fail ( )

Old Hifz for 7 Days / 7 Sabak / القديم ل٧ أيام:_____Pass ( ) Fail ( )

Revision (Juz) / جزء: المراجعة:_____Pass ( ) Fail ( )

Teacher Use: Date:_____ **Day:**_____ **Teacher:**_____ **Signature:**_____

New Hifz / Sabak / الجديد:_____Pass ( ) Fail ( )

Old Hifz for 7 Days / 7 Sabak / القديم ل٧ أيام:_____Pass ( ) Fail ( )

Revision (Juz) / جزء: المراجعة:_____Pass ( ) Fail ( )

Teacher Use: Date:_____ **Day:**_____ **Teacher:**_____ **Signature:**_____

New Hifz / Sabak / الجديد:_____Pass ( ) Fail ( )

Old Hifz for 7 Days / 7 Sabak / القديم ل٧ أيام:_____Pass ( ) Fail ( )

Revision (Juz) / جزء: المراجعة:_____Pass ( ) Fail ( )

Teacher Use: Date:_____ **Day:**_____ **Teacher:**_____ **Signature:**_____

New Hifz / Sabak / الجديد:_____Pass ( ) Fail ( )

Old Hifz for 7 Days / 7 Sabak / القديم ل٧ أيام:_____Pass ( ) Fail ( )

Revision (Juz) / جزء: المراجعة:_____Pass ( ) Fail ( )

Teacher Use: Date:_____ **Day:**_____ **Teacher:**_____ **Signature:**_____

New Hifz / Sabak / الجديد:_____Pass ( ) Fail ( )

Old Hifz for 7 Days / 7 Sabak / القديم ل٧ أيام:_____Pass ( ) Fail ( )

Revision (Juz) / جزء: المراجعة:_____Pass ( ) Fail ( )

Teacher Use: Date:_____ **Day:**_____ **Teacher:**_____ **Signature:**_____

New Hifz / Sabak / الجديد:_____Pass ( ) Fail ( )

Old Hifz for 7 Days / 7 Sabak / القديم ل٧ أيام:_____Pass ( ) Fail ( )

Revision (Juz) / جزء: المراجعة:_____Pass ( ) Fail ( )

Private Education - Dār SEMA (Seminary & Project)
Home of Science, English, Maths & Arabic

*** PRIVATE EDUCATION ***

Teacher Use: Date:_____ Day:_____ Teacher:_____ Signature:_____

New Hifz / Sabak / الجديد:_____Pass ( ) Fail ( )

Old Hifz for 7 Days / 7 Sabak / القديم ل ٧ أيام:_____Pass ( ) Fail ( )

Revision (Juz) / المراجعة: جزء:_____Pass ( ) Fail ( )

Teacher Use: Date:_____ Day:_____ Teacher:_____ Signature:_____

New Hifz / Sabak / الجديد:_____Pass ( ) Fail ( )

Old Hifz for 7 Days / 7 Sabak / القديم ل ٧ أيام:_____Pass ( ) Fail ( )

Revision (Juz) / المراجعة: جزء:_____Pass ( ) Fail ( )

Teacher Use: Date:_____ Day:_____ Teacher:_____ Signature:_____

New Hifz / Sabak / الجديد:_____Pass ( ) Fail ( )

Old Hifz for 7 Days / 7 Sabak / القديم ل ٧ أيام:_____Pass ( ) Fail ( )

Revision (Juz) / المراجعة: جزء:_____Pass ( ) Fail ( )

Teacher Use: Date:_____ Day:_____ Teacher:_____ Signature:_____

New Hifz / Sabak / الجديد:_____Pass ( ) Fail ( )

Old Hifz for 7 Days / 7 Sabak / القديم ل ٧ أيام:_____Pass ( ) Fail ( )

Revision (Juz) / المراجعة: جزء:_____Pass ( ) Fail ( )

Teacher Use: Date:_____ Day:_____ Teacher:_____ Signature:_____

New Hifz / Sabak / الجديد:_____Pass ( ) Fail ( )

Old Hifz for 7 Days / 7 Sabak / القديم ل ٧ أيام:_____Pass ( ) Fail ( )

Revision (Juz) / المراجعة: جزء:_____Pass ( ) Fail ( )

Teacher Use: Date:_____ Day:_____ Teacher:_____ Signature:_____

New Hifz / Sabak / الجديد:_____Pass ( ) Fail ( )

Old Hifz for 7 Days / 7 Sabak / القديم ل ٧ أيام:_____Pass ( ) Fail ( )

Revision (Juz) / المراجعة: جزء:_____Pass ( ) Fail ( )

Private Education - Dār SEMA (Seminary & Project)
Home of Science, English, Maths & Arabic

*** PRIVATE EDUCATION ***

Teacher Use: Date:_____ **Day:**_____ **Teacher:**_____ **Signature:**_____

New Hifz / Sabak / الجديد:_____ Pass ( ) Fail ( )

Old Hifz for 7 Days / 7 Sabak / القديم لـ٧ أيام:_____ Pass ( ) Fail ( )

Revision (Juz) / المراجعة: جزء:_____ Pass ( ) Fail ( )

Teacher Use: Date:_____ **Day:**_____ **Teacher:**_____ **Signature:**_____

New Hifz / Sabak / الجديد:_____ Pass ( ) Fail ( )

Old Hifz for 7 Days / 7 Sabak / القديم لـ٧ أيام:_____ Pass ( ) Fail ( )

Revision (Juz) / المراجعة: جزء:_____ Pass ( ) Fail ( )

Teacher Use: Date:_____ **Day:**_____ **Teacher:**_____ **Signature:**_____

New Hifz / Sabak / الجديد:_____ Pass ( ) Fail ( )

Old Hifz for 7 Days / 7 Sabak / القديم لـ٧ أيام:_____ Pass ( ) Fail ( )

Revision (Juz) / المراجعة: جزء:_____ Pass ( ) Fail ( )

Teacher Use: Date:_____ **Day:**_____ **Teacher:**_____ **Signature:**_____

New Hifz / Sabak / الجديد:_____ Pass ( ) Fail ( )

Old Hifz for 7 Days / 7 Sabak / القديم لـ٧ أيام:_____ Pass ( ) Fail ( )

Revision (Juz) / المراجعة: جزء:_____ Pass ( ) Fail ( )

Teacher Use: Date:_____ **Day:**_____ **Teacher:**_____ **Signature:**_____

New Hifz / Sabak / الجديد:_____ Pass ( ) Fail ( )

Old Hifz for 7 Days / 7 Sabak / القديم لـ٧ أيام:_____ Pass ( ) Fail ( )

Revision (Juz) / المراجعة: جزء:_____ Pass ( ) Fail ( )

Teacher Use: Date:_____ **Day:**_____ **Teacher:**_____ **Signature:**_____

New Hifz / Sabak / الجديد:_____ Pass ( ) Fail ( )

Old Hifz for 7 Days / 7 Sabak / القديم لـ٧ أيام:_____ Pass ( ) Fail ( )

Revision (Juz) / المراجعة: جزء:_____ Pass ( ) Fail ( )

Private Education - Dār SEMA (Seminary & Project)
Home of Science, English, Maths & Arabic

*** PRIVATE EDUCATION ***

Teacher Use: Date:_____ **Day:**_____ **Teacher:**_____ **Signature:**_____

New Hifz / Sabak / الجديد:_____Pass ( ) Fail ( )

Old Hifz for 7 Days / 7 Sabak / القديم ل٧ أيام:_____Pass ( ) Fail ( )

Revision (Juz) / المراجعة: جزء:_____Pass ( ) Fail ( )

Teacher Use: Date:_____ **Day:**_____ **Teacher:**_____ **Signature:**_____

New Hifz / Sabak / الجديد:_____Pass ( ) Fail ( )

Old Hifz for 7 Days / 7 Sabak / القديم ل٧ أيام:_____Pass ( ) Fail ( )

Revision (Juz) / المراجعة: جزء:_____Pass ( ) Fail ( )

Teacher Use: Date:_____ **Day:**_____ **Teacher:**_____ **Signature:**_____

New Hifz / Sabak / الجديد:_____Pass ( ) Fail ( )

Old Hifz for 7 Days / 7 Sabak / القديم ل٧ أيام:_____Pass ( ) Fail ( )

Revision (Juz) / المراجعة: جزء:_____Pass ( ) Fail ( )

Teacher Use: Date:_____ **Day:**_____ **Teacher:**_____ **Signature:**_____

New Hifz / Sabak / الجديد:_____Pass ( ) Fail ( )

Old Hifz for 7 Days / 7 Sabak / القديم ل٧ أيام:_____Pass ( ) Fail ( )

Revision (Juz) / المراجعة: جزء:_____Pass ( ) Fail ( )

Teacher Use: Date:_____ **Day:**_____ **Teacher:**_____ **Signature:**_____

New Hifz / Sabak / الجديد:_____Pass ( ) Fail ( )

Old Hifz for 7 Days / 7 Sabak / القديم ل٧ أيام:_____Pass ( ) Fail ( )

Revision (Juz) / المراجعة: جزء:_____Pass ( ) Fail ( )

Teacher Use: Date:_____ **Day:**_____ **Teacher:**_____ **Signature:**_____

New Hifz / Sabak / الجديد:_____Pass ( ) Fail ( )

Old Hifz for 7 Days / 7 Sabak / القديم ل٧ أيام:_____Pass ( ) Fail ( )

Revision (Juz) / المراجعة: جزء:_____Pass ( ) Fail ( )

Private Education - Dār SEMA (Seminary & Project)
Home of Science, English, Maths & Arabic

*** PRIVATE EDUCATION ***

Teacher Use: Date:_____ **Day:**_____ **Teacher:**_____ **Signature:**_____

New Hifz / Sabak / الجديد:_____Pass ( ) Fail ( )

Old Hifz for 7 Days / 7 Sabak / القديم ل٧ أيام:_____Pass ( ) Fail ( )

Revision (Juz) / جزء : المراجعة:_____Pass ( ) Fail ( )

Teacher Use: Date:_____ **Day:**_____ **Teacher:**_____ **Signature:**_____

New Hifz / Sabak / الجديد:_____Pass ( ) Fail ( )

Old Hifz for 7 Days / 7 Sabak / القديم ل٧ أيام:_____Pass ( ) Fail ( )

Revision (Juz) / جزء : المراجعة:_____Pass ( ) Fail ( )

Teacher Use: Date:_____ **Day:**_____ **Teacher:**_____ **Signature:**_____

New Hifz / Sabak / الجديد:_____Pass ( ) Fail ( )

Old Hifz for 7 Days / 7 Sabak / القديم ل٧ أيام:_____Pass ( ) Fail ( )

Revision (Juz) / جزء : المراجعة:_____Pass ( ) Fail ( )

Teacher Use: Date:_____ **Day:**_____ **Teacher:**_____ **Signature:**_____

New Hifz / Sabak / الجديد:_____Pass ( ) Fail ( )

Old Hifz for 7 Days / 7 Sabak / القديم ل٧ أيام:_____Pass ( ) Fail ( )

Revision (Juz) / جزء : المراجعة:_____Pass ( ) Fail ( )

Teacher Use: Date:_____ **Day:**_____ **Teacher:**_____ **Signature:**_____

New Hifz / Sabak / الجديد:_____Pass ( ) Fail ( )

Old Hifz for 7 Days / 7 Sabak / القديم ل٧ أيام:_____Pass ( ) Fail ( )

Revision (Juz) / جزء : المراجعة:_____Pass ( ) Fail ( )

Teacher Use: Date:_____ **Day:**_____ **Teacher:**_____ **Signature:**_____

New Hifz / Sabak / الجديد:_____Pass ( ) Fail ( )

Old Hifz for 7 Days / 7 Sabak / القديم ل٧ أيام:_____Pass ( ) Fail ( )

Revision (Juz) / جزء : المراجعة:_____Pass ( ) Fail ( )

Private Education - Dār SEMA (Seminary & Project)
Home of Science, English, Maths & Arabic

*** PRIVATE EDUCATION ***

Teacher Use: Date:_____ Day:_____ Teacher:_____ Signature:_____

New Hifz / Sabak / الجديد:_____Pass ( ) Fail ( )

Old Hifz for 7 Days / 7 Sabak / القديم ل ٧ أيام:_____Pass ( ) Fail ( )

Revision (Juz) / المراجعة: جزء:_____Pass ( ) Fail ( )

Teacher Use: Date:_____ Day:_____ Teacher:_____ Signature:_____

New Hifz / Sabak / الجديد:_____Pass ( ) Fail ( )

Old Hifz for 7 Days / 7 Sabak / القديم ل ٧ أيام:_____Pass ( ) Fail ( )

Revision (Juz) / المراجعة: جزء:_____Pass ( ) Fail ( )

Teacher Use: Date:_____ Day:_____ Teacher:_____ Signature:_____

New Hifz / Sabak / الجديد:_____Pass ( ) Fail ( )

Old Hifz for 7 Days / 7 Sabak / القديم ل ٧ أيام:_____Pass ( ) Fail ( )

Revision (Juz) / المراجعة: جزء:_____Pass ( ) Fail ( )

Teacher Use: Date:_____ Day:_____ Teacher:_____ Signature:_____

New Hifz / Sabak / الجديد:_____Pass ( ) Fail ( )

Old Hifz for 7 Days / 7 Sabak / القديم ل ٧ أيام:_____Pass ( ) Fail ( )

Revision (Juz) / المراجعة: جزء:_____Pass ( ) Fail ( )

Teacher Use: Date:_____ Day:_____ Teacher:_____ Signature:_____

New Hifz / Sabak / الجديد:_____Pass ( ) Fail ( )

Old Hifz for 7 Days / 7 Sabak / القديم ل ٧ أيام:_____Pass ( ) Fail ( )

Revision (Juz) / المراجعة: جزء:_____Pass ( ) Fail ( )

Teacher Use: Date:_____ Day:_____ Teacher:_____ Signature:_____

New Hifz / Sabak / الجديد:_____Pass ( ) Fail ( )

Old Hifz for 7 Days / 7 Sabak / القديم ل ٧ أيام:_____Pass ( ) Fail ( )

Revision (Juz) / المراجعة: جزء:_____Pass ( ) Fail ( )

Private Education - Dār SEMA (Seminary & Project)
Home of Science, English, Maths & Arabic

*** PRIVATE EDUCATION ***

Teacher Use: Date:_____**Day:**_____**Teacher:**_____**Signature:**_____

New Hifz / Sabak / الجديد:_____Pass ( ) Fail ( )

Old Hifz for 7 Days / 7 Sabak / القديم ل٧ أيام:_____Pass ( ) Fail ( )

Revision (Juz) / المراجعة: جزء:_____Pass ( ) Fail ( )

Teacher Use: Date:_____**Day:**_____**Teacher:**_____**Signature:**_____

New Hifz / Sabak / الجديد:_____Pass ( ) Fail ( )

Old Hifz for 7 Days / 7 Sabak / القديم ل٧ أيام:_____Pass ( ) Fail ( )

Revision (Juz) / المراجعة: جزء:_____Pass ( ) Fail ( )

Teacher Use: Date:_____**Day:**_____**Teacher:**_____**Signature:**_____

New Hifz / Sabak / الجديد:_____Pass ( ) Fail ( )

Old Hifz for 7 Days / 7 Sabak / القديم ل٧ أيام:_____Pass ( ) Fail ( )

Revision (Juz) / المراجعة: جزء:_____Pass ( ) Fail ( )

Teacher Use: Date:_____**Day:**_____**Teacher:**_____**Signature:**_____

New Hifz / Sabak / الجديد:_____Pass ( ) Fail ( )

Old Hifz for 7 Days / 7 Sabak / القديم ل٧ أيام:_____Pass ( ) Fail ( )

Revision (Juz) / المراجعة: جزء:_____Pass ( ) Fail ( )

Teacher Use: Date:_____**Day:**_____**Teacher:**_____**Signature:**_____

New Hifz / Sabak / الجديد:_____Pass ( ) Fail ( )

Old Hifz for 7 Days / 7 Sabak / القديم ل٧ أيام:_____Pass ( ) Fail ( )

Revision (Juz) / المراجعة: جزء:_____Pass ( ) Fail ( )

Teacher Use: Date:_____**Day:**_____**Teacher:**_____**Signature:**_____

New Hifz / Sabak / الجديد:_____Pass ( ) Fail ( )

Old Hifz for 7 Days / 7 Sabak / القديم ل٧ أيام:_____Pass ( ) Fail ( )

Revision (Juz) / المراجعة: جزء:_____Pass ( ) Fail ( )

Private Education - Dār SEMA (Seminary & Project)
Home of Science, English, Maths & Arabic

*** PRIVATE EDUCATION ***

Teacher Use: Date:_____ **Day:**_____ **Teacher:**_____ **Signature:**_____

New Hifz / Sabak / الجديد: _____ Pass ( ) Fail ( )

Old Hifz for 7 Days / 7 Sabak / القديم ل ٧ أيام:_____ Pass ( ) Fail ( )

Revision (Juz) / جزء: المراجعة:_____ Pass ( ) Fail ( )

Teacher Use: Date:_____ **Day:**_____ **Teacher:**_____ **Signature:**_____

New Hifz / Sabak / الجديد: _____ Pass ( ) Fail ( )

Old Hifz for 7 Days / 7 Sabak / القديم ل ٧ أيام:_____ Pass ( ) Fail ( )

Revision (Juz) / جزء: المراجعة:_____ Pass ( ) Fail ( )

Teacher Use: Date:_____ **Day:**_____ **Teacher:**_____ **Signature:**_____

New Hifz / Sabak / الجديد: _____ Pass ( ) Fail ( )

Old Hifz for 7 Days / 7 Sabak / القديم ل ٧ أيام:_____ Pass ( ) Fail ( )

Revision (Juz) / جزء: المراجعة:_____ Pass ( ) Fail ( )

Teacher Use: Date:_____ **Day:**_____ **Teacher:**_____ **Signature:**_____

New Hifz / Sabak / الجديد: _____ Pass ( ) Fail ( )

Old Hifz for 7 Days / 7 Sabak / القديم ل ٧ أيام:_____ Pass ( ) Fail ( )

Revision (Juz) / جزء: المراجعة:_____ Pass ( ) Fail ( )

Teacher Use: Date:_____ **Day:**_____ **Teacher:**_____ **Signature:**_____

New Hifz / Sabak / الجديد: _____ Pass ( ) Fail ( )

Old Hifz for 7 Days / 7 Sabak / القديم ل ٧ أيام:_____ Pass ( ) Fail ( )

Revision (Juz) / جزء: المراجعة:_____ Pass ( ) Fail ( )

Teacher Use: Date:_____ **Day:**_____ **Teacher:**_____ **Signature:**_____

New Hifz / Sabak / الجديد: _____ Pass ( ) Fail ( )

Old Hifz for 7 Days / 7 Sabak / القديم ل ٧ أيام:_____ Pass ( ) Fail ( )

Revision (Juz) / جزء: المراجعة:_____ Pass ( ) Fail ( )

Private Education - Dār SEMA (Seminary & Project)
Home of Science, English, Maths & Arabic

*** PRIVATE EDUCATION ***

Teacher Use: Date:_____**Day:**_____**Teacher:**_____**Signature:**_____

New Hifz / Sabak / الجديد:_____Pass ( ) Fail ( )

Old Hifz for 7 Days / 7 Sabak / القديم ل٧ أيام:_____Pass ( ) Fail ( )

Revision (Juz) / المراجعة: جزء /:_____Pass ( ) Fail ( )

Teacher Use: Date:_____**Day:**_____**Teacher:**_____**Signature:**_____

New Hifz / Sabak / الجديد:_____Pass ( ) Fail ( )

Old Hifz for 7 Days / 7 Sabak / القديم ل٧ أيام:_____Pass ( ) Fail ( )

Revision (Juz) / المراجعة: جزء /:_____Pass ( ) Fail ( )

Teacher Use: Date:_____**Day:**_____**Teacher:**_____**Signature:**_____

New Hifz / Sabak / الجديد:_____Pass ( ) Fail ( )

Old Hifz for 7 Days / 7 Sabak / القديم ل٧ أيام:_____Pass ( ) Fail ( )

Revision (Juz) / المراجعة: جزء /:_____Pass ( ) Fail ( )

Teacher Use: Date:_____**Day:**_____**Teacher:**_____**Signature:**_____

New Hifz / Sabak / الجديد:_____Pass ( ) Fail ( )

Old Hifz for 7 Days / 7 Sabak / القديم ل٧ أيام:_____Pass ( ) Fail ( )

Revision (Juz) / المراجعة: جزء /:_____Pass ( ) Fail ( )

Teacher Use: Date:_____**Day:**_____**Teacher:**_____**Signature:**_____

New Hifz / Sabak / الجديد:_____Pass ( ) Fail ( )

Old Hifz for 7 Days / 7 Sabak / القديم ل٧ أيام:_____Pass ( ) Fail ( )

Revision (Juz) / المراجعة: جزء /:_____Pass ( ) Fail ( )

Teacher Use: Date:_____**Day:**_____**Teacher:**_____**Signature:**_____

New Hifz / Sabak / الجديد:_____Pass ( ) Fail ( )

Old Hifz for 7 Days / 7 Sabak / القديم ل٧ أيام:_____Pass ( ) Fail ( )

Revision (Juz) / المراجعة: جزء /:_____Pass ( ) Fail ( )

Private Education - Dār SEMA (Seminary & Project)
Home of Science, English, Maths & Arabic

*** PRIVATE EDUCATION ***

Teacher Use: Date:_____ **Day:**_____ **Teacher:**_____ **Signature:**_____

New Hifz / Sabak / الجديد: _____Pass ( ) Fail ( )

Old Hifz for 7 Days / 7 Sabak / القديم ل٧ أيام:_____Pass ( ) Fail ( )

Revision (Juz) / المراجعة: جزء :_____Pass ( ) Fail ( )

Teacher Use: Date:_____ **Day:**_____ **Teacher:**_____ **Signature:**_____

New Hifz / Sabak / الجديد: _____Pass ( ) Fail ( )

Old Hifz for 7 Days / 7 Sabak / القديم ل٧ أيام:_____Pass ( ) Fail ( )

Revision (Juz) / المراجعة: جزء :_____Pass ( ) Fail ( )

Teacher Use: Date:_____ **Day:**_____ **Teacher:**_____ **Signature:**_____

New Hifz / Sabak / الجديد: _____Pass ( ) Fail ( )

Old Hifz for 7 Days / 7 Sabak / القديم ل٧ أيام:_____Pass ( ) Fail ( )

Revision (Juz) / المراجعة: جزء :_____Pass ( ) Fail ( )

Teacher Use: Date:_____ **Day:**_____ **Teacher:**_____ **Signature:**_____

New Hifz / Sabak / الجديد: _____Pass ( ) Fail ( )

Old Hifz for 7 Days / 7 Sabak / القديم ل٧ أيام:_____Pass ( ) Fail ( )

Revision (Juz) / المراجعة: جزء :_____Pass ( ) Fail ( )

Teacher Use: Date:_____ **Day:**_____ **Teacher:**_____ **Signature:**_____

New Hifz / Sabak / الجديد: _____Pass ( ) Fail ( )

Old Hifz for 7 Days / 7 Sabak / القديم ل٧ أيام:_____Pass ( ) Fail ( )

Revision (Juz) / المراجعة: جزء :_____Pass ( ) Fail ( )

Teacher Use: Date:_____ **Day:**_____ **Teacher:**_____ **Signature:**_____

New Hifz / Sabak / الجديد: _____Pass ( ) Fail ( )

Old Hifz for 7 Days / 7 Sabak / القديم ل٧ أيام:_____Pass ( ) Fail ( )

Revision (Juz) / المراجعة: جزء :_____Pass ( ) Fail ( )

Private Education - Dār SEMA (Seminary & Project)
Home of Science, English, Maths & Arabic

*** PRIVATE EDUCATION ***

Teacher Use: Date:_____ **Day:**_____ **Teacher:**_____ **Signature:**_____

New Hifz / Sabak / الجديد:_____Pass ( ) Fail ( )

Old Hifz for 7 Days / 7 Sabak / القديم ل٧ أيام:_____Pass ( ) Fail ( )

Revision (Juz) / جزء :المراجعة:_____Pass ( ) Fail ( )

Teacher Use: Date:_____ **Day:**_____ **Teacher:**_____ **Signature:**_____

New Hifz / Sabak / الجديد:_____Pass ( ) Fail ( )

Old Hifz for 7 Days / 7 Sabak / القديم ل٧ أيام:_____Pass ( ) Fail ( )

Revision (Juz) / جزء :المراجعة:_____Pass ( ) Fail ( )

Teacher Use: Date:_____ **Day:**_____ **Teacher:**_____ **Signature:**_____

New Hifz / Sabak / الجديد:_____Pass ( ) Fail ( )

Old Hifz for 7 Days / 7 Sabak / القديم ل٧ أيام:_____Pass ( ) Fail ( )

Revision (Juz) / جزء :المراجعة:_____Pass ( ) Fail ( )

Teacher Use: Date:_____ **Day:**_____ **Teacher:**_____ **Signature:**_____

New Hifz / Sabak / الجديد:_____Pass ( ) Fail ( )

Old Hifz for 7 Days / 7 Sabak / القديم ل٧ أيام:_____Pass ( ) Fail ( )

Revision (Juz) / جزء :المراجعة:_____Pass ( ) Fail ( )

Teacher Use: Date:_____ **Day:**_____ **Teacher:**_____ **Signature:**_____

New Hifz / Sabak / الجديد:_____Pass ( ) Fail ( )

Old Hifz for 7 Days / 7 Sabak / القديم ل٧ أيام:_____Pass ( ) Fail ( )

Revision (Juz) / جزء :المراجعة:_____Pass ( ) Fail ( )

Teacher Use: Date:_____ **Day:**_____ **Teacher:**_____ **Signature:**_____

New Hifz / Sabak / الجديد:_____Pass ( ) Fail ( )

Old Hifz for 7 Days / 7 Sabak / القديم ل٧ أيام:_____Pass ( ) Fail ( )

Revision (Juz) / جزء :المراجعة:_____Pass ( ) Fail ( )

Private Education - Dār SEMA (Seminary & Project)
Home of Science, English, Maths & Arabic

*** PRIVATE EDUCATION ***

Teacher Use: Date:_____ **Day:**_____ **Teacher:**_____ **Signature:**_____

New Hifz / Sabak / الجديد:_____Pass ( ) Fail ( )

Old Hifz for 7 Days / 7 Sabak / القديم ل٧ أيام:_____Pass ( ) Fail ( )

Revision (Juz) / المراجعة: جزء :_____Pass ( ) Fail ( )

Teacher Use: Date:_____ **Day:**_____ **Teacher:**_____ **Signature:**_____

New Hifz / Sabak / الجديد:_____Pass ( ) Fail ( )

Old Hifz for 7 Days / 7 Sabak / القديم ل٧ أيام:_____Pass ( ) Fail ( )

Revision (Juz) / المراجعة: جزء :_____Pass ( ) Fail ( )

Teacher Use: Date:_____ **Day:**_____ **Teacher:**_____ **Signature:**_____

New Hifz / Sabak / الجديد:_____Pass ( ) Fail ( )

Old Hifz for 7 Days / 7 Sabak / القديم ل٧ أيام:_____Pass ( ) Fail ( )

Revision (Juz) / المراجعة: جزء :_____Pass ( ) Fail ( )

Teacher Use: Date:_____ **Day:**_____ **Teacher:**_____ **Signature:**_____

New Hifz / Sabak / الجديد:_____Pass ( ) Fail ( )

Old Hifz for 7 Days / 7 Sabak / القديم ل٧ أيام:_____Pass ( ) Fail ( )

Revision (Juz) / المراجعة: جزء :_____Pass ( ) Fail ( )

Teacher Use: Date:_____ **Day:**_____ **Teacher:**_____ **Signature:**_____

New Hifz / Sabak / الجديد:_____Pass ( ) Fail ( )

Old Hifz for 7 Days / 7 Sabak / القديم ل٧ أيام:_____Pass ( ) Fail ( )

Revision (Juz) / المراجعة: جزء :_____Pass ( ) Fail ( )

Teacher Use: Date:_____ **Day:**_____ **Teacher:**_____ **Signature:**_____

New Hifz / Sabak / الجديد:_____Pass ( ) Fail ( )

Old Hifz for 7 Days / 7 Sabak / القديم ل٧ أيام:_____Pass ( ) Fail ( )

Revision (Juz) / المراجعة: جزء :_____Pass ( ) Fail ( )

Private Education - Dār SEMA (Seminary & Project)
Home of Science, English, Maths & Arabic

*** PRIVATE EDUCATION ***

Teacher Use: Date:_____ **Day:**_____ **Teacher:**_____ **Signature:**_____

New Hifz / Sabak / الجديد:_____Pass ( ) Fail ( )

Old Hifz for 7 Days / 7 Sabak / القديم ل ٧ أيام:_____Pass ( ) Fail ( )

Revision (Juz) / المراجعة: جزء:_____Pass ( ) Fail ( )

Teacher Use: Date:_____ **Day:**_____ **Teacher:**_____ **Signature:**_____

New Hifz / Sabak / الجديد:_____Pass ( ) Fail ( )

Old Hifz for 7 Days / 7 Sabak / القديم ل ٧ أيام:_____Pass ( ) Fail ( )

Revision (Juz) / المراجعة: جزء:_____Pass ( ) Fail ( )

Teacher Use: Date:_____ **Day:**_____ **Teacher:**_____ **Signature:**_____

New Hifz / Sabak / الجديد:_____Pass ( ) Fail ( )

Old Hifz for 7 Days / 7 Sabak / القديم ل ٧ أيام:_____Pass ( ) Fail ( )

Revision (Juz) / المراجعة: جزء:_____Pass ( ) Fail ( )

Teacher Use: Date:_____ **Day:**_____ **Teacher:**_____ **Signature:**_____

New Hifz / Sabak / الجديد:_____Pass ( ) Fail ( )

Old Hifz for 7 Days / 7 Sabak / القديم ل ٧ أيام:_____Pass ( ) Fail ( )

Revision (Juz) / المراجعة: جزء:_____Pass ( ) Fail ( )

Teacher Use: Date:_____ **Day:**_____ **Teacher:**_____ **Signature:**_____

New Hifz / Sabak / الجديد:_____Pass ( ) Fail ( )

Old Hifz for 7 Days / 7 Sabak / القديم ل ٧ أيام:_____Pass ( ) Fail ( )

Revision (Juz) / المراجعة: جزء:_____Pass ( ) Fail ( )

Teacher Use: Date:_____ **Day:**_____ **Teacher:**_____ **Signature:**_____

New Hifz / Sabak / الجديد:_____Pass ( ) Fail ( )

Old Hifz for 7 Days / 7 Sabak / القديم ل ٧ أيام:_____Pass ( ) Fail ( )

Revision (Juz) / المراجعة: جزء:_____Pass ( ) Fail ( )

Private Education - Dār SEMA (Seminary & Project)
Home of Science, English, Maths & Arabic

*** PRIVATE EDUCATION ***

Teacher Use: Date:_____ **Day:**_____ **Teacher:**_____ **Signature:**_____

New Hifz / Sabak / الجديد:_____Pass ( ) Fail ( )

Old Hifz for 7 Days / 7 Sabak / القديم ل٧ أيام:_____Pass ( ) Fail ( )

Revision (Juz) / جزء :المراجعة:_____Pass ( ) Fail ( )

Teacher Use: Date:_____ **Day:**_____ **Teacher:**_____ **Signature:**_____

New Hifz / Sabak / الجديد:_____Pass ( ) Fail ( )

Old Hifz for 7 Days / 7 Sabak / القديم ل٧ أيام:_____Pass ( ) Fail ( )

Revision (Juz) / جزء :المراجعة:_____Pass ( ) Fail ( )

Teacher Use: Date:_____ **Day:**_____ **Teacher:**_____ **Signature:**_____

New Hifz / Sabak / الجديد:_____Pass ( ) Fail ( )

Old Hifz for 7 Days / 7 Sabak / القديم ل٧ أيام:_____Pass ( ) Fail ( )

Revision (Juz) / جزء :المراجعة:_____Pass ( ) Fail ( )

Teacher Use: Date:_____ **Day:**_____ **Teacher:**_____ **Signature:**_____

New Hifz / Sabak / الجديد:_____Pass ( ) Fail ( )

Old Hifz for 7 Days / 7 Sabak / القديم ل٧ أيام:_____Pass ( ) Fail ( )

Revision (Juz) / جزء :المراجعة:_____Pass ( ) Fail ( )

Teacher Use: Date:_____ **Day:**_____ **Teacher:**_____ **Signature:**_____

New Hifz / Sabak / الجديد:_____Pass ( ) Fail ( )

Old Hifz for 7 Days / 7 Sabak / القديم ل٧ أيام:_____Pass ( ) Fail ( )

Revision (Juz) / جزء :المراجعة:_____Pass ( ) Fail ( )

Teacher Use: Date:_____ **Day:**_____ **Teacher:**_____ **Signature:**_____

New Hifz / Sabak / الجديد:_____Pass ( ) Fail ( )

Old Hifz for 7 Days / 7 Sabak / القديم ل٧ أيام:_____Pass ( ) Fail ( )

Revision (Juz) / جزء :المراجعة:_____Pass ( ) Fail ( )

Private Education - Dār SEMA (Seminary & Project)
Home of Science, English, Maths & Arabic

*** PRIVATE EDUCATION ***

Teacher Use: Date:_____ **Day:**_____ **Teacher:**_____ **Signature:**_____

New Hifz / Sabak / الجديد:_____Pass ( ) Fail ( )

Old Hifz for 7 Days / 7 Sabak / القديم ل٧ أيام:_____Pass ( ) Fail ( )

Revision (Juz) / جزء : المراجعة:_____Pass ( ) Fail ( )

Teacher Use: Date:_____ **Day:**_____ **Teacher:**_____ **Signature:**_____

New Hifz / Sabak / الجديد:_____Pass ( ) Fail ( )

Old Hifz for 7 Days / 7 Sabak / القديم ل٧ أيام:_____Pass ( ) Fail ( )

Revision (Juz) / جزء : المراجعة:_____Pass ( ) Fail ( )

Teacher Use: Date:_____ **Day:**_____ **Teacher:**_____ **Signature:**_____

New Hifz / Sabak / الجديد:_____Pass ( ) Fail ( )

Old Hifz for 7 Days / 7 Sabak / القديم ل٧ أيام:_____Pass ( ) Fail ( )

Revision (Juz) / جزء : المراجعة:_____Pass ( ) Fail ( )

Teacher Use: Date:_____ **Day:**_____ **Teacher:**_____ **Signature:**_____

New Hifz / Sabak / الجديد:_____Pass ( ) Fail ( )

Old Hifz for 7 Days / 7 Sabak / القديم ل٧ أيام:_____Pass ( ) Fail ( )

Revision (Juz) / جزء : المراجعة:_____Pass ( ) Fail ( )

Teacher Use: Date:_____ **Day:**_____ **Teacher:**_____ **Signature:**_____

New Hifz / Sabak / الجديد:_____Pass ( ) Fail ( )

Old Hifz for 7 Days / 7 Sabak / القديم ل٧ أيام:_____Pass ( ) Fail ( )

Revision (Juz) / جزء : المراجعة:_____Pass ( ) Fail ( )

Teacher Use: Date:_____ **Day:**_____ **Teacher:**_____ **Signature:**_____

New Hifz / Sabak / الجديد:_____Pass ( ) Fail ( )

Old Hifz for 7 Days / 7 Sabak / القديم ل٧ أيام:_____Pass ( ) Fail ( )

Revision (Juz) / جزء : المراجعة:_____Pass ( ) Fail ( )

Private Education - Dār SEMA (Seminary & Project)
Home of Science, English, Maths & Arabic

*** PRIVATE EDUCATION ***

Teacher Use: Date:_____ **Day:**_____ **Teacher:**_____ **Signature:**_____

New Hifz / Sabak / الجديد: _____ Pass ( ) Fail ( )

Old Hifz for 7 Days / 7 Sabak / القديم ل٧ أيام:_____ Pass ( ) Fail ( )

Revision (Juz) / المراجعة: جزء:_____ Pass ( ) Fail ( )

Teacher Use: Date:_____ **Day:**_____ **Teacher:**_____ **Signature:**_____

New Hifz / Sabak / الجديد: _____ Pass ( ) Fail ( )

Old Hifz for 7 Days / 7 Sabak / القديم ل٧ أيام:_____ Pass ( ) Fail ( )

Revision (Juz) / المراجعة: جزء:_____ Pass ( ) Fail ( )

Teacher Use: Date:_____ **Day:**_____ **Teacher:**_____ **Signature:**_____

New Hifz / Sabak / الجديد: _____ Pass ( ) Fail ( )

Old Hifz for 7 Days / 7 Sabak / القديم ل٧ أيام:_____ Pass ( ) Fail ( )

Revision (Juz) / المراجعة: جزء:_____ Pass ( ) Fail ( )

Teacher Use: Date:_____ **Day:**_____ **Teacher:**_____ **Signature:**_____

New Hifz / Sabak / الجديد: _____ Pass ( ) Fail ( )

Old Hifz for 7 Days / 7 Sabak / القديم ل٧ أيام:_____ Pass ( ) Fail ( )

Revision (Juz) / المراجعة: جزء:_____ Pass ( ) Fail ( )

Teacher Use: Date:_____ **Day:**_____ **Teacher:**_____ **Signature:**_____

New Hifz / Sabak / الجديد: _____ Pass ( ) Fail ( )

Old Hifz for 7 Days / 7 Sabak / القديم ل٧ أيام:_____ Pass ( ) Fail ( )

Revision (Juz) / المراجعة: جزء:_____ Pass ( ) Fail ( )

Teacher Use: Date:_____ **Day:**_____ **Teacher:**_____ **Signature:**_____

New Hifz / Sabak / الجديد: _____ Pass ( ) Fail ( )

Old Hifz for 7 Days / 7 Sabak / القديم ل٧ أيام:_____ Pass ( ) Fail ( )

Revision (Juz) / المراجعة: جزء:_____ Pass ( ) Fail ( )

Private Education - Dār SEMA (Seminary & Project)
Home of Science, English, Maths & Arabic

*** PRIVATE EDUCATION ***

Teacher Use: Date:_____ **Day:**_____ **Teacher:**_____ **Signature:**_____

New Hifz / Sabak / الجديد:_____Pass ( ) Fail ( )

Old Hifz for 7 Days / 7 Sabak / القديم ل ٧ أيام:_____Pass ( ) Fail ( )

Revision (Juz) / المراجعة: جزء:_____Pass ( ) Fail ( )

Teacher Use: Date:_____ **Day:**_____ **Teacher:**_____ **Signature:**_____

New Hifz / Sabak / الجديد:_____Pass ( ) Fail ( )

Old Hifz for 7 Days / 7 Sabak / القديم ل ٧ أيام:_____Pass ( ) Fail ( )

Revision (Juz) / المراجعة: جزء:_____Pass ( ) Fail ( )

Teacher Use: Date:_____ **Day:**_____ **Teacher:**_____ **Signature:**_____

New Hifz / Sabak / الجديد:_____Pass ( ) Fail ( )

Old Hifz for 7 Days / 7 Sabak / القديم ل ٧ أيام:_____Pass ( ) Fail ( )

Revision (Juz) / المراجعة: جزء:_____Pass ( ) Fail ( )

Teacher Use: Date:_____ **Day:**_____ **Teacher:**_____ **Signature:**_____

New Hifz / Sabak / الجديد:_____Pass ( ) Fail ( )

Old Hifz for 7 Days / 7 Sabak / القديم ل ٧ أيام:_____Pass ( ) Fail ( )

Revision (Juz) / المراجعة: جزء:_____Pass ( ) Fail ( )

Teacher Use: Date:_____ **Day:**_____ **Teacher:**_____ **Signature:**_____

New Hifz / Sabak / الجديد:_____Pass ( ) Fail ( )

Old Hifz for 7 Days / 7 Sabak / القديم ل ٧ أيام:_____Pass ( ) Fail ( )

Revision (Juz) / المراجعة: جزء:_____Pass ( ) Fail ( )

Teacher Use: Date:_____ **Day:**_____ **Teacher:**_____ **Signature:**_____

New Hifz / Sabak / الجديد:_____Pass ( ) Fail ( )

Old Hifz for 7 Days / 7 Sabak / القديم ل ٧ أيام:_____Pass ( ) Fail ( )

Revision (Juz) / المراجعة: جزء:_____Pass ( ) Fail ( )

Private Education - Dār SEMA (Seminary & Project)
Home of Science, English, Maths & Arabic

*** PRIVATE EDUCATION ***

Teacher Use: Date:_____ **Day:**_____ **Teacher:**_____ **Signature:**_____

New Hifz / Sabak / الجديد:_____ Pass ( ) Fail ( )

Old Hifz for 7 Days / 7 Sabak / القديم ل ٧ أيام:_____ Pass ( ) Fail ( )

Revision (Juz) / المراجعة: جزء:_____ Pass ( ) Fail ( )

Teacher Use: Date:_____ **Day:**_____ **Teacher:**_____ **Signature:**_____

New Hifz / Sabak / الجديد:_____ Pass ( ) Fail ( )

Old Hifz for 7 Days / 7 Sabak / القديم ل ٧ أيام:_____ Pass ( ) Fail ( )

Revision (Juz) / المراجعة: جزء:_____ Pass ( ) Fail ( )

Teacher Use: Date:_____ **Day:**_____ **Teacher:**_____ **Signature:**_____

New Hifz / Sabak / الجديد:_____ Pass ( ) Fail ( )

Old Hifz for 7 Days / 7 Sabak / القديم ل ٧ أيام:_____ Pass ( ) Fail ( )

Revision (Juz) / المراجعة: جزء:_____ Pass ( ) Fail ( )

Teacher Use: Date:_____ **Day:**_____ **Teacher:**_____ **Signature:**_____

New Hifz / Sabak / الجديد:_____ Pass ( ) Fail ( )

Old Hifz for 7 Days / 7 Sabak / القديم ل ٧ أيام:_____ Pass ( ) Fail ( )

Revision (Juz) / المراجعة: جزء:_____ Pass ( ) Fail ( )

Teacher Use: Date:_____ **Day:**_____ **Teacher:**_____ **Signature:**_____

New Hifz / Sabak / الجديد:_____ Pass ( ) Fail ( )

Old Hifz for 7 Days / 7 Sabak / القديم ل ٧ أيام:_____ Pass ( ) Fail ( )

Revision (Juz) / المراجعة: جزء:_____ Pass ( ) Fail ( )

Teacher Use: Date:_____ **Day:**_____ **Teacher:**_____ **Signature:**_____

New Hifz / Sabak / الجديد:_____ Pass ( ) Fail ( )

Old Hifz for 7 Days / 7 Sabak / القديم ل ٧ أيام:_____ Pass ( ) Fail ( )

Revision (Juz) / المراجعة: جزء:_____ Pass ( ) Fail ( )

Private Education - Dār SEMA (Seminary & Project)
Home of Science, English, Maths & Arabic

*** PRIVATE EDUCATION ***

Teacher Use: Date:_____ **Day:**_____ **Teacher:**_____ **Signature:**_____

New Hifz / Sabak / الجديد:_____Pass ( ) Fail ( )

Old Hifz for 7 Days / 7 Sabak / القديم ل ٧ أيام:_____Pass ( ) Fail ( )

Revision (Juz) / المراجعة: جزء:_____Pass ( ) Fail ( )

Teacher Use: Date:_____ **Day:**_____ **Teacher:**_____ **Signature:**_____

New Hifz / Sabak / الجديد:_____Pass ( ) Fail ( )

Old Hifz for 7 Days / 7 Sabak / القديم ل ٧ أيام:_____Pass ( ) Fail ( )

Revision (Juz) / المراجعة: جزء:_____Pass ( ) Fail ( )

Teacher Use: Date:_____ **Day:**_____ **Teacher:**_____ **Signature:**_____

New Hifz / Sabak / الجديد:_____Pass ( ) Fail ( )

Old Hifz for 7 Days / 7 Sabak / القديم ل ٧ أيام:_____Pass ( ) Fail ( )

Revision (Juz) / المراجعة: جزء:_____Pass ( ) Fail ( )

Teacher Use: Date:_____ **Day:**_____ **Teacher:**_____ **Signature:**_____

New Hifz / Sabak / الجديد:_____Pass ( ) Fail ( )

Old Hifz for 7 Days / 7 Sabak / القديم ل ٧ أيام:_____Pass ( ) Fail ( )

Revision (Juz) / المراجعة: جزء:_____Pass ( ) Fail ( )

Teacher Use: Date:_____ **Day:**_____ **Teacher:**_____ **Signature:**_____

New Hifz / Sabak / الجديد:_____Pass ( ) Fail ( )

Old Hifz for 7 Days / 7 Sabak / القديم ل ٧ أيام:_____Pass ( ) Fail ( )

Revision (Juz) / المراجعة: جزء:_____Pass ( ) Fail ( )

Teacher Use: Date:_____ **Day:**_____ **Teacher:**_____ **Signature:**_____

New Hifz / Sabak / الجديد:_____Pass ( ) Fail ( )

Old Hifz for 7 Days / 7 Sabak / القديم ل ٧ أيام:_____Pass ( ) Fail ( )

Revision (Juz) / المراجعة: جزء:_____Pass ( ) Fail ( )

Private Education - Dār SEMA (Seminary & Project)
Home of Science, English, Maths & Arabic

*** PRIVATE EDUCATION ***

Teacher Use: Date:_____ Day:_____ Teacher:_____ Signature:_____

New Hifz / Sabak / الجديد:_____Pass ( ) Fail ( )

Old Hifz for 7 Days / 7 Sabak / القديم ل ٧ أيام:_____Pass ( ) Fail ( )

Revision (Juz) / المراجعة: جزء:_____Pass ( ) Fail ( )

Teacher Use: Date:_____ Day:_____ Teacher:_____ Signature:_____

New Hifz / Sabak / الجديد:_____Pass ( ) Fail ( )

Old Hifz for 7 Days / 7 Sabak / القديم ل ٧ أيام:_____Pass ( ) Fail ( )

Revision (Juz) / المراجعة: جزء:_____Pass ( ) Fail ( )

Teacher Use: Date:_____ Day:_____ Teacher:_____ Signature:_____

New Hifz / Sabak / الجديد:_____Pass ( ) Fail ( )

Old Hifz for 7 Days / 7 Sabak / القديم ل ٧ أيام:_____Pass ( ) Fail ( )

Revision (Juz) / المراجعة: جزء:_____Pass ( ) Fail ( )

Teacher Use: Date:_____ Day:_____ Teacher:_____ Signature:_____

New Hifz / Sabak / الجديد:_____Pass ( ) Fail ( )

Old Hifz for 7 Days / 7 Sabak / القديم ل ٧ أيام:_____Pass ( ) Fail ( )

Revision (Juz) / المراجعة: جزء:_____Pass ( ) Fail ( )

Teacher Use: Date:_____ Day:_____ Teacher:_____ Signature:_____

New Hifz / Sabak / الجديد:_____Pass ( ) Fail ( )

Old Hifz for 7 Days / 7 Sabak / القديم ل ٧ أيام:_____Pass ( ) Fail ( )

Revision (Juz) / المراجعة: جزء:_____Pass ( ) Fail ( )

Teacher Use: Date:_____ Day:_____ Teacher:_____ Signature:_____

New Hifz / Sabak / الجديد:_____Pass ( ) Fail ( )

Old Hifz for 7 Days / 7 Sabak / القديم ل ٧ أيام:_____Pass ( ) Fail ( )

Revision (Juz) / المراجعة: جزء:_____Pass ( ) Fail ( )

Private Education - Dār SEMA (Seminary & Project)
Home of Science, English, Maths & Arabic

*** PRIVATE EDUCATION ***

Teacher Use: Date:_____ **Day:**_____ **Teacher:**_____ **Signature:**_____

New Hifz / Sabak / الجديد:_____ Pass ( ) Fail ( )

Old Hifz for 7 Days / 7 Sabak / القديم ل ٧ أيام:_____ Pass ( ) Fail ( )

Revision (Juz) / المراجعة: جزء:_____ Pass ( ) Fail ( )

Teacher Use: Date:_____ **Day:**_____ **Teacher:**_____ **Signature:**_____

New Hifz / Sabak / الجديد:_____ Pass ( ) Fail ( )

Old Hifz for 7 Days / 7 Sabak / القديم ل ٧ أيام:_____ Pass ( ) Fail ( )

Revision (Juz) / المراجعة: جزء:_____ Pass ( ) Fail ( )

Teacher Use: Date:_____ **Day:**_____ **Teacher:**_____ **Signature:**_____

New Hifz / Sabak / الجديد:_____ Pass ( ) Fail ( )

Old Hifz for 7 Days / 7 Sabak / القديم ل ٧ أيام:_____ Pass ( ) Fail ( )

Revision (Juz) / المراجعة: جزء:_____ Pass ( ) Fail ( )

Teacher Use: Date:_____ **Day:**_____ **Teacher:**_____ **Signature:**_____

New Hifz / Sabak / الجديد:_____ Pass ( ) Fail ( )

Old Hifz for 7 Days / 7 Sabak / القديم ل ٧ أيام:_____ Pass ( ) Fail ( )

Revision (Juz) / المراجعة: جزء:_____ Pass ( ) Fail ( )

Teacher Use: Date:_____ **Day:**_____ **Teacher:**_____ **Signature:**_____

New Hifz / Sabak / الجديد:_____ Pass ( ) Fail ( )

Old Hifz for 7 Days / 7 Sabak / القديم ل ٧ أيام:_____ Pass ( ) Fail ( )

Revision (Juz) / المراجعة: جزء:_____ Pass ( ) Fail ( )

Teacher Use: Date:_____ **Day:**_____ **Teacher:**_____ **Signature:**_____

New Hifz / Sabak / الجديد:_____ Pass ( ) Fail ( )

Old Hifz for 7 Days / 7 Sabak / القديم ل ٧ أيام:_____ Pass ( ) Fail ( )

Revision (Juz) / المراجعة: جزء:_____ Pass ( ) Fail ( )

Private Education - Dār SEMA (Seminary & Project)
Home of Science, English, Maths & Arabic

*** PRIVATE EDUCATION ***

Teacher Use: Date:_____ **Day:**_____ **Teacher:**_____ **Signature:**_____

New Hifz / Sabak / الجديد:_____Pass ( ) Fail ( )

Old Hifz for 7 Days / 7 Sabak / القديم ل ٧ أيام:_____Pass ( ) Fail ( )

Revision (Juz) / المراجعة: جزء:_____Pass ( ) Fail ( )

Teacher Use: Date:_____ **Day:**_____ **Teacher:**_____ **Signature:**_____

New Hifz / Sabak / الجديد:_____Pass ( ) Fail ( )

Old Hifz for 7 Days / 7 Sabak / القديم ل ٧ أيام:_____Pass ( ) Fail ( )

Revision (Juz) / المراجعة: جزء:_____Pass ( ) Fail ( )

Teacher Use: Date:_____ **Day:**_____ **Teacher:**_____ **Signature:**_____

New Hifz / Sabak / الجديد:_____Pass ( ) Fail ( )

Old Hifz for 7 Days / 7 Sabak / القديم ل ٧ أيام:_____Pass ( ) Fail ( )

Revision (Juz) / المراجعة: جزء:_____Pass ( ) Fail ( )

Teacher Use: Date:_____ **Day:**_____ **Teacher:**_____ **Signature:**_____

New Hifz / Sabak / الجديد:_____Pass ( ) Fail ( )

Old Hifz for 7 Days / 7 Sabak / القديم ل ٧ أيام:_____Pass ( ) Fail ( )

Revision (Juz) / المراجعة: جزء:_____Pass ( ) Fail ( )

Teacher Use: Date:_____ **Day:**_____ **Teacher:**_____ **Signature:**_____

New Hifz / Sabak / الجديد:_____Pass ( ) Fail ( )

Old Hifz for 7 Days / 7 Sabak / القديم ل ٧ أيام:_____Pass ( ) Fail ( )

Revision (Juz) / المراجعة: جزء:_____Pass ( ) Fail ( )

Teacher Use: Date:_____ **Day:**_____ **Teacher:**_____ **Signature:**_____

New Hifz / Sabak / الجديد:_____Pass ( ) Fail ( )

Old Hifz for 7 Days / 7 Sabak / القديم ل ٧ أيام:_____Pass ( ) Fail ( )

Revision (Juz) / المراجعة: جزء:_____Pass ( ) Fail ( )

Private Education - Dār SEMA (Seminary & Project)
Home of Science, English, Maths & Arabic

*** PRIVATE EDUCATION ***

Teacher Use: Date:_____ **Day:**_____ **Teacher:**_____ **Signature:**_____

New Hifz / Sabak / الجديد: _____ Pass ( ) Fail ( )

Old Hifz for 7 Days / 7 Sabak / القديم ل٧ أيام:_____ Pass ( ) Fail ( )

Revision (Juz) / جزء :المراجعة:_____ Pass ( ) Fail ( )

Teacher Use: Date:_____ **Day:**_____ **Teacher:**_____ **Signature:**_____

New Hifz / Sabak / الجديد: _____ Pass ( ) Fail ( )

Old Hifz for 7 Days / 7 Sabak / القديم ل٧ أيام:_____ Pass ( ) Fail ( )

Revision (Juz) / جزء :المراجعة:_____ Pass ( ) Fail ( )

Teacher Use: Date:_____ **Day:**_____ **Teacher:**_____ **Signature:**_____

New Hifz / Sabak / الجديد: _____ Pass ( ) Fail ( )

Old Hifz for 7 Days / 7 Sabak / القديم ل٧ أيام:_____ Pass ( ) Fail ( )

Revision (Juz) / جزء :المراجعة:_____ Pass ( ) Fail ( )

Teacher Use: Date:_____ **Day:**_____ **Teacher:**_____ **Signature:**_____

New Hifz / Sabak / الجديد: _____ Pass ( ) Fail ( )

Old Hifz for 7 Days / 7 Sabak / القديم ل٧ أيام:_____ Pass ( ) Fail ( )

Revision (Juz) / جزء :المراجعة:_____ Pass ( ) Fail ( )

Teacher Use: Date:_____ **Day:**_____ **Teacher:**_____ **Signature:**_____

New Hifz / Sabak / الجديد: _____ Pass ( ) Fail ( )

Old Hifz for 7 Days / 7 Sabak / القديم ل٧ أيام:_____ Pass ( ) Fail ( )

Revision (Juz) / جزء :المراجعة:_____ Pass ( ) Fail ( )

Teacher Use: Date:_____ **Day:**_____ **Teacher:**_____ **Signature:**_____

New Hifz / Sabak / الجديد: _____ Pass ( ) Fail ( )

Old Hifz for 7 Days / 7 Sabak / القديم ل٧ أيام:_____ Pass ( ) Fail ( )

Revision (Juz) / جزء :المراجعة:_____ Pass ( ) Fail ( )

Private Education - Dār SEMA (Seminary & Project)
Home of Science, English, Maths & Arabic

*** PRIVATE EDUCATION ***

Teacher Use: Date:_____ **Day:**_____ **Teacher:**_____ **Signature:**_____

New Hifz / Sabak / الجديد: _____Pass ( ) Fail ( )

Old Hifz for 7 Days / 7 Sabak / القديم ل٧ أيام:_____Pass ( ) Fail ( )

Revision (Juz) / المراجعة: جزء:_____Pass ( ) Fail ( )

Teacher Use: Date:_____ **Day:**_____ **Teacher:**_____ **Signature:**_____

New Hifz / Sabak / الجديد: _____Pass ( ) Fail ( )

Old Hifz for 7 Days / 7 Sabak / القديم ل٧ أيام:_____Pass ( ) Fail ( )

Revision (Juz) / المراجعة: جزء:_____Pass ( ) Fail ( )

Teacher Use: Date:_____ **Day:**_____ **Teacher:**_____ **Signature:**_____

New Hifz / Sabak / الجديد: _____Pass ( ) Fail ( )

Old Hifz for 7 Days / 7 Sabak / القديم ل٧ أيام:_____Pass ( ) Fail ( )

Revision (Juz) / المراجعة: جزء:_____Pass ( ) Fail ( )

Teacher Use: Date:_____ **Day:**_____ **Teacher:**_____ **Signature:**_____

New Hifz / Sabak / الجديد: _____Pass ( ) Fail ( )

Old Hifz for 7 Days / 7 Sabak / القديم ل٧ أيام:_____Pass ( ) Fail ( )

Revision (Juz) / المراجعة: جزء:_____Pass ( ) Fail ( )

Teacher Use: Date:_____ **Day:**_____ **Teacher:**_____ **Signature:**_____

New Hifz / Sabak / الجديد: _____Pass ( ) Fail ( )

Old Hifz for 7 Days / 7 Sabak / القديم ل٧ أيام:_____Pass ( ) Fail ( )

Revision (Juz) / المراجعة: جزء:_____Pass ( ) Fail ( )

Teacher Use: Date:_____ **Day:**_____ **Teacher:**_____ **Signature:**_____

New Hifz / Sabak / الجديد: _____Pass ( ) Fail ( )

Old Hifz for 7 Days / 7 Sabak / القديم ل٧ أيام:_____Pass ( ) Fail ( )

Revision (Juz) / المراجعة: جزء:_____Pass ( ) Fail ( )

Private Education - Dār SEMA (Seminary & Project)
Home of Science, English, Maths & Arabic

*** PRIVATE EDUCATION ***

Teacher Use: Date:_____ **Day:**_____ **Teacher:**_____ **Signature:**_____

New Hifz / Sabak / الجديد:_____Pass ( ) Fail ( )

Old Hifz for 7 Days / 7 Sabak / القديم ل٧ أيام:_____Pass ( ) Fail ( )

Revision (Juz) / المراجعة: جزء:_____Pass ( ) Fail ( )

Teacher Use: Date:_____ **Day:**_____ **Teacher:**_____ **Signature:**_____

New Hifz / Sabak / الجديد:_____Pass ( ) Fail ( )

Old Hifz for 7 Days / 7 Sabak / القديم ل٧ أيام:_____Pass ( ) Fail ( )

Revision (Juz) / المراجعة: جزء:_____Pass ( ) Fail ( )

Teacher Use: Date:_____ **Day:**_____ **Teacher:**_____ **Signature:**_____

New Hifz / Sabak / الجديد:_____Pass ( ) Fail ( )

Old Hifz for 7 Days / 7 Sabak / القديم ل٧ أيام:_____Pass ( ) Fail ( )

Revision (Juz) / المراجعة: جزء:_____Pass ( ) Fail ( )

Teacher Use: Date:_____ **Day:**_____ **Teacher:**_____ **Signature:**_____

New Hifz / Sabak / الجديد:_____Pass ( ) Fail ( )

Old Hifz for 7 Days / 7 Sabak / القديم ل٧ أيام:_____Pass ( ) Fail ( )

Revision (Juz) / المراجعة: جزء:_____Pass ( ) Fail ( )

Teacher Use: Date:_____ **Day:**_____ **Teacher:**_____ **Signature:**_____

New Hifz / Sabak / الجديد:_____Pass ( ) Fail ( )

Old Hifz for 7 Days / 7 Sabak / القديم ل٧ أيام:_____Pass ( ) Fail ( )

Revision (Juz) / المراجعة: جزء:_____Pass ( ) Fail ( )

Teacher Use: Date:_____ **Day:**_____ **Teacher:**_____ **Signature:**_____

New Hifz / Sabak / الجديد:_____Pass ( ) Fail ( )

Old Hifz for 7 Days / 7 Sabak / القديم ل٧ أيام:_____Pass ( ) Fail ( )

Revision (Juz) / المراجعة: جزء:_____Pass ( ) Fail ( )

Private Education - Dār SEMA (Seminary & Project)
Home of Science, English, Maths & Arabic

*** PRIVATE EDUCATION ***

Teacher Use: Date:_____ **Day:**_____ **Teacher:**_____ **Signature:**_____

New Hifz / Sabak / الجديد:_____ Pass ( ) Fail ( )

Old Hifz for 7 Days / 7 Sabak / القديم ل ٧ أيام:_____ Pass ( ) Fail ( )

Revision (Juz) / جزء: المراجعة:_____ Pass ( ) Fail ( )

Teacher Use: Date:_____ **Day:**_____ **Teacher:**_____ **Signature:**_____

New Hifz / Sabak / الجديد:_____ Pass ( ) Fail ( )

Old Hifz for 7 Days / 7 Sabak / القديم ل ٧ أيام:_____ Pass ( ) Fail ( )

Revision (Juz) / جزء: المراجعة:_____ Pass ( ) Fail ( )

Teacher Use: Date:_____ **Day:**_____ **Teacher:**_____ **Signature:**_____

New Hifz / Sabak / الجديد:_____ Pass ( ) Fail ( )

Old Hifz for 7 Days / 7 Sabak / القديم ل ٧ أيام:_____ Pass ( ) Fail ( )

Revision (Juz) / جزء: المراجعة:_____ Pass ( ) Fail ( )

Teacher Use: Date:_____ **Day:**_____ **Teacher:**_____ **Signature:**_____

New Hifz / Sabak / الجديد:_____ Pass ( ) Fail ( )

Old Hifz for 7 Days / 7 Sabak / القديم ل ٧ أيام:_____ Pass ( ) Fail ( )

Revision (Juz) / جزء: المراجعة:_____ Pass ( ) Fail ( )

Teacher Use: Date:_____ **Day:**_____ **Teacher:**_____ **Signature:**_____

New Hifz / Sabak / الجديد:_____ Pass ( ) Fail ( )

Old Hifz for 7 Days / 7 Sabak / القديم ل ٧ أيام:_____ Pass ( ) Fail ( )

Revision (Juz) / جزء: المراجعة:_____ Pass ( ) Fail ( )

Teacher Use: Date:_____ **Day:**_____ **Teacher:**_____ **Signature:**_____

New Hifz / Sabak / الجديد:_____ Pass ( ) Fail ( )

Old Hifz for 7 Days / 7 Sabak / القديم ل ٧ أيام:_____ Pass ( ) Fail ( )

Revision (Juz) / جزء: المراجعة:_____ Pass ( ) Fail ( )

Private Education - Dār SEMA (Seminary & Project)
Home of Science, English, Maths & Arabic

*** PRIVATE EDUCATION ***

Teacher Use: Date:_____ **Day:**_____ **Teacher:**_____ **Signature:**_____

New Hifz / Sabak / الجديد:_____Pass ( ) Fail ( )

Old Hifz for 7 Days / 7 Sabak / القديم ل٧ أيام:_____Pass ( ) Fail ( )

Revision (Juz) / جزء :المراجعة:_____Pass ( ) Fail ( )

Teacher Use: Date:_____ **Day:**_____ **Teacher:**_____ **Signature:**_____

New Hifz / Sabak / الجديد:_____Pass ( ) Fail ( )

Old Hifz for 7 Days / 7 Sabak / القديم ل٧ أيام:_____Pass ( ) Fail ( )

Revision (Juz) / جزء :المراجعة:_____Pass ( ) Fail ( )

Teacher Use: Date:_____ **Day:**_____ **Teacher:**_____ **Signature:**_____

New Hifz / Sabak / الجديد:_____Pass ( ) Fail ( )

Old Hifz for 7 Days / 7 Sabak / القديم ل٧ أيام:_____Pass ( ) Fail ( )

Revision (Juz) / جزء :المراجعة:_____Pass ( ) Fail ( )

Teacher Use: Date:_____ **Day:**_____ **Teacher:**_____ **Signature:**_____

New Hifz / Sabak / الجديد:_____Pass ( ) Fail ( )

Old Hifz for 7 Days / 7 Sabak / القديم ل٧ أيام:_____Pass ( ) Fail ( )

Revision (Juz) / جزء :المراجعة:_____Pass ( ) Fail ( )

Teacher Use: Date:_____ **Day:**_____ **Teacher:**_____ **Signature:**_____

New Hifz / Sabak / الجديد:_____Pass ( ) Fail ( )

Old Hifz for 7 Days / 7 Sabak / القديم ل٧ أيام:_____Pass ( ) Fail ( )

Revision (Juz) / جزء :المراجعة:_____Pass ( ) Fail ( )

Teacher Use: Date:_____ **Day:**_____ **Teacher:**_____ **Signature:**_____

New Hifz / Sabak / الجديد:_____Pass ( ) Fail ( )

Old Hifz for 7 Days / 7 Sabak / القديم ل٧ أيام:_____Pass ( ) Fail ( )

Revision (Juz) / جزء :المراجعة:_____Pass ( ) Fail ( )

Private Education - Dār SEMA (Seminary & Project)
Home of Science, English, Maths & Arabic

*** PRIVATE EDUCATION ***

Teacher Use: Date:_____ **Day:**_____ **Teacher:**_____ **Signature:**_____

New Hifz / Sabak / الجديد:_____Pass ( ) Fail ( )

Old Hifz for 7 Days / 7 Sabak / القديم ل٧ أيام:_____Pass ( ) Fail ( )

Revision (Juz) / المراجعة: جزء:_____Pass ( ) Fail ( )

Teacher Use: Date:_____ **Day:**_____ **Teacher:**_____ **Signature:**_____

New Hifz / Sabak / الجديد:_____Pass ( ) Fail ( )

Old Hifz for 7 Days / 7 Sabak / القديم ل٧ أيام:_____Pass ( ) Fail ( )

Revision (Juz) / المراجعة: جزء:_____Pass ( ) Fail ( )

Teacher Use: Date:_____ **Day:**_____ **Teacher:**_____ **Signature:**_____

New Hifz / Sabak / الجديد:_____Pass ( ) Fail ( )

Old Hifz for 7 Days / 7 Sabak / القديم ل٧ أيام:_____Pass ( ) Fail ( )

Revision (Juz) / المراجعة: جزء:_____Pass ( ) Fail ( )

Teacher Use: Date:_____ **Day:**_____ **Teacher:**_____ **Signature:**_____

New Hifz / Sabak / الجديد:_____Pass ( ) Fail ( )

Old Hifz for 7 Days / 7 Sabak / القديم ل٧ أيام:_____Pass ( ) Fail ( )

Revision (Juz) / المراجعة: جزء:_____Pass ( ) Fail ( )

Teacher Use: Date:_____ **Day:**_____ **Teacher:**_____ **Signature:**_____

New Hifz / Sabak / الجديد:_____Pass ( ) Fail ( )

Old Hifz for 7 Days / 7 Sabak / القديم ل٧ أيام:_____Pass ( ) Fail ( )

Revision (Juz) / المراجعة: جزء:_____Pass ( ) Fail ( )

Teacher Use: Date:_____ **Day:**_____ **Teacher:**_____ **Signature:**_____

New Hifz / Sabak / الجديد:_____Pass ( ) Fail ( )

Old Hifz for 7 Days / 7 Sabak / القديم ل٧ أيام:_____Pass ( ) Fail ( )

Revision (Juz) / المراجعة: جزء:_____Pass ( ) Fail ( )

Private Education - Dār SEMA (Seminary & Project)
Home of Science, English, Maths & Arabic

*** PRIVATE EDUCATION ***

Teacher Use: Date:_____ **Day:**_____ **Teacher:**_____ **Signature:**_____

New Hifz / Sabak / الجديد:_____Pass ( ) Fail ( )

Old Hifz for 7 Days / 7 Sabak / القديم ل ٧ أيام:_____Pass ( ) Fail ( )

Revision (Juz) / جزء : المراجعة:_____Pass ( ) Fail ( )

Teacher Use: Date:_____ **Day:**_____ **Teacher:**_____ **Signature:**_____

New Hifz / Sabak / الجديد:_____Pass ( ) Fail ( )

Old Hifz for 7 Days / 7 Sabak / القديم ل ٧ أيام:_____Pass ( ) Fail ( )

Revision (Juz) / جزء : المراجعة:_____Pass ( ) Fail ( )

Teacher Use: Date:_____ **Day:**_____ **Teacher:**_____ **Signature:**_____

New Hifz / Sabak / الجديد:_____Pass ( ) Fail ( )

Old Hifz for 7 Days / 7 Sabak / القديم ل ٧ أيام:_____Pass ( ) Fail ( )

Revision (Juz) / جزء : المراجعة:_____Pass ( ) Fail ( )

Teacher Use: Date:_____ **Day:**_____ **Teacher:**_____ **Signature:**_____

New Hifz / Sabak / الجديد:_____Pass ( ) Fail ( )

Old Hifz for 7 Days / 7 Sabak / القديم ل ٧ أيام:_____Pass ( ) Fail ( )

Revision (Juz) / جزء : المراجعة:_____Pass ( ) Fail ( )

Teacher Use: Date:_____ **Day:**_____ **Teacher:**_____ **Signature:**_____

New Hifz / Sabak / الجديد:_____Pass ( ) Fail ( )

Old Hifz for 7 Days / 7 Sabak / القديم ل ٧ أيام:_____Pass ( ) Fail ( )

Revision (Juz) / جزء : المراجعة:_____Pass ( ) Fail ( )

Teacher Use: Date:_____ **Day:**_____ **Teacher:**_____ **Signature:**_____

New Hifz / Sabak / الجديد:_____Pass ( ) Fail ( )

Old Hifz for 7 Days / 7 Sabak / القديم ل ٧ أيام:_____Pass ( ) Fail ( )

Revision (Juz) / جزء : المراجعة:_____Pass ( ) Fail ( )

Private Education - Dār SEMA (Seminary & Project)
Home of Science, English, Maths & Arabic

*** PRIVATE EDUCATION ***

Teacher Use: Date:_____ **Day:**_____ **Teacher:**_____ **Signature:**_____

New Hifz / Sabak / الجديد:_____Pass ( ) Fail ( )

Old Hifz for 7 Days / 7 Sabak / القديم ل٧ أيام:_____Pass ( ) Fail ( )

Revision (Juz) / المراجعة: جزء:_____Pass ( ) Fail ( )

Teacher Use: Date:_____ **Day:**_____ **Teacher:**_____ **Signature:**_____

New Hifz / Sabak / الجديد:_____Pass ( ) Fail ( )

Old Hifz for 7 Days / 7 Sabak / القديم ل٧ أيام:_____Pass ( ) Fail ( )

Revision (Juz) / المراجعة: جزء:_____Pass ( ) Fail ( )

Teacher Use: Date:_____ **Day:**_____ **Teacher:**_____ **Signature:**_____

New Hifz / Sabak / الجديد:_____Pass ( ) Fail ( )

Old Hifz for 7 Days / 7 Sabak / القديم ل٧ أيام:_____Pass ( ) Fail ( )

Revision (Juz) / المراجعة: جزء:_____Pass ( ) Fail ( )

Teacher Use: Date:_____ **Day:**_____ **Teacher:**_____ **Signature:**_____

New Hifz / Sabak / الجديد:_____Pass ( ) Fail ( )

Old Hifz for 7 Days / 7 Sabak / القديم ل٧ أيام:_____Pass ( ) Fail ( )

Revision (Juz) / المراجعة: جزء:_____Pass ( ) Fail ( )

Teacher Use: Date:_____ **Day:**_____ **Teacher:**_____ **Signature:**_____

New Hifz / Sabak / الجديد:_____Pass ( ) Fail ( )

Old Hifz for 7 Days / 7 Sabak / القديم ل٧ أيام:_____Pass ( ) Fail ( )

Revision (Juz) / المراجعة: جزء:_____Pass ( ) Fail ( )

Teacher Use: Date:_____ **Day:**_____ **Teacher:**_____ **Signature:**_____

New Hifz / Sabak / الجديد:_____Pass ( ) Fail ( )

Old Hifz for 7 Days / 7 Sabak / القديم ل٧ أيام:_____Pass ( ) Fail ( )

Revision (Juz) / المراجعة: جزء:_____Pass ( ) Fail ( )

Private Education - Dār SEMA (Seminary & Project)
Home of Science, English, Maths & Arabic

*** PRIVATE EDUCATION ***

Teacher Use: Date:_____ **Day:**_____ **Teacher:**_____ **Signature:**_____

New Hifz / Sabak / الجديد:_____Pass ( ) Fail ( )

Old Hifz for 7 Days / 7 Sabak / القديم ل ٧ أيام:_____Pass ( ) Fail ( )

Revision (Juz) / المراجعة: جزء:_____Pass ( ) Fail ( )

Teacher Use: Date:_____ **Day:**_____ **Teacher:**_____ **Signature:**_____

New Hifz / Sabak / الجديد:_____Pass ( ) Fail ( )

Old Hifz for 7 Days / 7 Sabak / القديم ل ٧ أيام:_____Pass ( ) Fail ( )

Revision (Juz) / المراجعة: جزء:_____Pass ( ) Fail ( )

Teacher Use: Date:_____ **Day:**_____ **Teacher:**_____ **Signature:**_____

New Hifz / Sabak / الجديد:_____Pass ( ) Fail ( )

Old Hifz for 7 Days / 7 Sabak / القديم ل ٧ أيام:_____Pass ( ) Fail ( )

Revision (Juz) / المراجعة: جزء:_____Pass ( ) Fail ( )

Teacher Use: Date:_____ **Day:**_____ **Teacher:**_____ **Signature:**_____

New Hifz / Sabak / الجديد:_____Pass ( ) Fail ( )

Old Hifz for 7 Days / 7 Sabak / القديم ل ٧ أيام:_____Pass ( ) Fail ( )

Revision (Juz) / المراجعة: جزء:_____Pass ( ) Fail ( )

Teacher Use: Date:_____ **Day:**_____ **Teacher:**_____ **Signature:**_____

New Hifz / Sabak / الجديد:_____Pass ( ) Fail ( )

Old Hifz for 7 Days / 7 Sabak / القديم ل ٧ أيام:_____Pass ( ) Fail ( )

Revision (Juz) / المراجعة: جزء:_____Pass ( ) Fail ( )

Teacher Use: Date:_____ **Day:**_____ **Teacher:**_____ **Signature:**_____

New Hifz / Sabak / الجديد:_____Pass ( ) Fail ( )

Old Hifz for 7 Days / 7 Sabak / القديم ل ٧ أيام:_____Pass ( ) Fail ( )

Revision (Juz) / المراجعة: جزء:_____Pass ( ) Fail ( )

Private Education - Dār SEMA (Seminary & Project)
Home of Science, English, Maths & Arabic

*** PRIVATE EDUCATION ***

Teacher Use: Date:_____ **Day:**_____ **Teacher:**_____ **Signature:**_____

New Hifz / Sabak / الجديد:_____Pass ( ) Fail ( )

Old Hifz for 7 Days / 7 Sabak / القديم ل٧ أيام:_____Pass ( ) Fail ( )

Revision (Juz) / المراجعة: جزء:_____Pass ( ) Fail ( )

Teacher Use: Date:_____ **Day:**_____ **Teacher:**_____ **Signature:**_____

New Hifz / Sabak / الجديد:_____Pass ( ) Fail ( )

Old Hifz for 7 Days / 7 Sabak / القديم ل٧ أيام:_____Pass ( ) Fail ( )

Revision (Juz) / المراجعة: جزء:_____Pass ( ) Fail ( )

Teacher Use: Date:_____ **Day:**_____ **Teacher:**_____ **Signature:**_____

New Hifz / Sabak / الجديد:_____Pass ( ) Fail ( )

Old Hifz for 7 Days / 7 Sabak / القديم ل٧ أيام:_____Pass ( ) Fail ( )

Revision (Juz) / المراجعة: جزء:_____Pass ( ) Fail ( )

Teacher Use: Date:_____ **Day:**_____ **Teacher:**_____ **Signature:**_____

New Hifz / Sabak / الجديد:_____Pass ( ) Fail ( )

Old Hifz for 7 Days / 7 Sabak / القديم ل٧ أيام:_____Pass ( ) Fail ( )

Revision (Juz) / المراجعة: جزء:_____Pass ( ) Fail ( )

Teacher Use: Date:_____ **Day:**_____ **Teacher:**_____ **Signature:**_____

New Hifz / Sabak / الجديد:_____Pass ( ) Fail ( )

Old Hifz for 7 Days / 7 Sabak / القديم ل٧ أيام:_____Pass ( ) Fail ( )

Revision (Juz) / المراجعة: جزء:_____Pass ( ) Fail ( )

Teacher Use: Date:_____ **Day:**_____ **Teacher:**_____ **Signature:**_____

New Hifz / Sabak / الجديد:_____Pass ( ) Fail ( )

Old Hifz for 7 Days / 7 Sabak / القديم ل٧ أيام:_____Pass ( ) Fail ( )

Revision (Juz) / المراجعة: جزء:_____Pass ( ) Fail ( )

Private Education - Dār SEMA (Seminary & Project)
Home of Science, English, Maths & Arabic

*** PRIVATE EDUCATION ***

Teacher Use: Date:_____ **Day:**_____ **Teacher:**_____ **Signature:**_____

New Hifz / Sabak / الجديد:_____ Pass ( ) Fail ( )

Old Hifz for 7 Days / 7 Sabak / القديم ل٧ أيام:_____ Pass ( ) Fail ( )

Revision (Juz) / المراجعة: جزء:_____ Pass ( ) Fail ( )

Teacher Use: Date:_____ **Day:**_____ **Teacher:**_____ **Signature:**_____

New Hifz / Sabak / الجديد:_____ Pass ( ) Fail ( )

Old Hifz for 7 Days / 7 Sabak / القديم ل٧ أيام:_____ Pass ( ) Fail ( )

Revision (Juz) / المراجعة: جزء:_____ Pass ( ) Fail ( )

Teacher Use: Date:_____ **Day:**_____ **Teacher:**_____ **Signature:**_____

New Hifz / Sabak / الجديد:_____ Pass ( ) Fail ( )

Old Hifz for 7 Days / 7 Sabak / القديم ل٧ أيام:_____ Pass ( ) Fail ( )

Revision (Juz) / المراجعة: جزء:_____ Pass ( ) Fail ( )

Teacher Use: Date:_____ **Day:**_____ **Teacher:**_____ **Signature:**_____

New Hifz / Sabak / الجديد:_____ Pass ( ) Fail ( )

Old Hifz for 7 Days / 7 Sabak / القديم ل٧ أيام:_____ Pass ( ) Fail ( )

Revision (Juz) / المراجعة: جزء:_____ Pass ( ) Fail ( )

Teacher Use: Date:_____ **Day:**_____ **Teacher:**_____ **Signature:**_____

New Hifz / Sabak / الجديد:_____ Pass ( ) Fail ( )

Old Hifz for 7 Days / 7 Sabak / القديم ل٧ أيام:_____ Pass ( ) Fail ( )

Revision (Juz) / المراجعة: جزء:_____ Pass ( ) Fail ( )

Teacher Use: Date:_____ **Day:**_____ **Teacher:**_____ **Signature:**_____

New Hifz / Sabak / الجديد:_____ Pass ( ) Fail ( )

Old Hifz for 7 Days / 7 Sabak / القديم ل٧ أيام:_____ Pass ( ) Fail ( )

Revision (Juz) / المراجعة: جزء:_____ Pass ( ) Fail ( )

Private Education - Dār SEMA (Seminary & Project)
Home of Science, English, Maths & Arabic

*** PRIVATE EDUCATION ***

Teacher Use: Date:_____ **Day:**_____ **Teacher:**_____ **Signature:**_____

New Hifz / Sabak / الجديد:_____ Pass ( ) Fail ( )

Old Hifz for 7 Days / 7 Sabak / القديم ل ٧ أيام:_____ Pass ( ) Fail ( )

Revision (Juz) / المراجعة: جزء:_____ Pass ( ) Fail ( )

Teacher Use: Date:_____ **Day:**_____ **Teacher:**_____ **Signature:**_____

New Hifz / Sabak / الجديد:_____ Pass ( ) Fail ( )

Old Hifz for 7 Days / 7 Sabak / القديم ل ٧ أيام:_____ Pass ( ) Fail ( )

Revision (Juz) / المراجعة: جزء:_____ Pass ( ) Fail ( )

Teacher Use: Date:_____ **Day:**_____ **Teacher:**_____ **Signature:**_____

New Hifz / Sabak / الجديد:_____ Pass ( ) Fail ( )

Old Hifz for 7 Days / 7 Sabak / القديم ل ٧ أيام:_____ Pass ( ) Fail ( )

Revision (Juz) / المراجعة: جزء:_____ Pass ( ) Fail ( )

Teacher Use: Date:_____ **Day:**_____ **Teacher:**_____ **Signature:**_____

New Hifz / Sabak / الجديد:_____ Pass ( ) Fail ( )

Old Hifz for 7 Days / 7 Sabak / القديم ل ٧ أيام:_____ Pass ( ) Fail ( )

Revision (Juz) / المراجعة: جزء:_____ Pass ( ) Fail ( )

Teacher Use: Date:_____ **Day:**_____ **Teacher:**_____ **Signature:**_____

New Hifz / Sabak / الجديد:_____ Pass ( ) Fail ( )

Old Hifz for 7 Days / 7 Sabak / القديم ل ٧ أيام:_____ Pass ( ) Fail ( )

Revision (Juz) / المراجعة: جزء:_____ Pass ( ) Fail ( )

Teacher Use: Date:_____ **Day:**_____ **Teacher:**_____ **Signature:**_____

New Hifz / Sabak / الجديد:_____ Pass ( ) Fail ( )

Old Hifz for 7 Days / 7 Sabak / القديم ل ٧ أيام:_____ Pass ( ) Fail ( )

Revision (Juz) / المراجعة: جزء:_____ Pass ( ) Fail ( )

Private Education - Dār SEMA (Seminary & Project)
Home of Science, English, Maths & Arabic

*** PRIVATE EDUCATION ***

Teacher Use: Date:_____ **Day:**_____ **Teacher:**_____ **Signature:**_____

New Hifz / Sabak / الجديد: _____ Pass ( ) Fail ( )

Old Hifz for 7 Days / 7 Sabak / القديم ل۷ أيام: _____ Pass ( ) Fail ( )

Revision (Juz) / المراجعة: جزء: _____ Pass ( ) Fail ( )

Teacher Use: Date:_____ **Day:**_____ **Teacher:**_____ **Signature:**_____

New Hifz / Sabak / الجديد: _____ Pass ( ) Fail ( )

Old Hifz for 7 Days / 7 Sabak / القديم ل۷ أيام: _____ Pass ( ) Fail ( )

Revision (Juz) / المراجعة: جزء: _____ Pass ( ) Fail ( )

Teacher Use: Date:_____ **Day:**_____ **Teacher:**_____ **Signature:**_____

New Hifz / Sabak / الجديد: _____ Pass ( ) Fail ( )

Old Hifz for 7 Days / 7 Sabak / القديم ل۷ أيام: _____ Pass ( ) Fail ( )

Revision (Juz) / المراجعة: جزء: _____ Pass ( ) Fail ( )

Teacher Use: Date:_____ **Day:**_____ **Teacher:**_____ **Signature:**_____

New Hifz / Sabak / الجديد: _____ Pass ( ) Fail ( )

Old Hifz for 7 Days / 7 Sabak / القديم ل۷ أيام: _____ Pass ( ) Fail ( )

Revision (Juz) / المراجعة: جزء: _____ Pass ( ) Fail ( )

Teacher Use: Date:_____ **Day:**_____ **Teacher:**_____ **Signature:**_____

New Hifz / Sabak / الجديد: _____ Pass ( ) Fail ( )

Old Hifz for 7 Days / 7 Sabak / القديم ل۷ أيام: _____ Pass ( ) Fail ( )

Revision (Juz) / المراجعة: جزء: _____ Pass ( ) Fail ( )

Teacher Use: Date:_____ **Day:**_____ **Teacher:**_____ **Signature:**_____

New Hifz / Sabak / الجديد: _____ Pass ( ) Fail ( )

Old Hifz for 7 Days / 7 Sabak / القديم ل۷ أيام: _____ Pass ( ) Fail ( )

Revision (Juz) / المراجعة: جزء: _____ Pass ( ) Fail ( )

Private Education - Dār SEMA (Seminary & Project)
Home of Science, English, Maths & Arabic

*** PRIVATE EDUCATION ***

Teacher Use: Date:_____ **Day:**_____ **Teacher:**_____ **Signature:**_____

New Hifz / Sabak / الجديد:_____Pass ( ) Fail ( )

Old Hifz for 7 Days / 7 Sabak / القديم ل٧ أيام:_____Pass ( ) Fail ( )

Revision (Juz) / جزء: المراجعة:_____Pass ( ) Fail ( )

Teacher Use: Date:_____ **Day:**_____ **Teacher:**_____ **Signature:**_____

New Hifz / Sabak / الجديد:_____Pass ( ) Fail ( )

Old Hifz for 7 Days / 7 Sabak / القديم ل٧ أيام:_____Pass ( ) Fail ( )

Revision (Juz) / جزء: المراجعة:_____Pass ( ) Fail ( )

Teacher Use: Date:_____ **Day:**_____ **Teacher:**_____ **Signature:**_____

New Hifz / Sabak / الجديد:_____Pass ( ) Fail ( )

Old Hifz for 7 Days / 7 Sabak / القديم ل٧ أيام:_____Pass ( ) Fail ( )

Revision (Juz) / جزء: المراجعة:_____Pass ( ) Fail ( )

Teacher Use: Date:_____ **Day:**_____ **Teacher:**_____ **Signature:**_____

New Hifz / Sabak / الجديد:_____Pass ( ) Fail ( )

Old Hifz for 7 Days / 7 Sabak / القديم ل٧ أيام:_____Pass ( ) Fail ( )

Revision (Juz) / جزء: المراجعة:_____Pass ( ) Fail ( )

Teacher Use: Date:_____ **Day:**_____ **Teacher:**_____ **Signature:**_____

New Hifz / Sabak / الجديد:_____Pass ( ) Fail ( )

Old Hifz for 7 Days / 7 Sabak / القديم ل٧ أيام:_____Pass ( ) Fail ( )

Revision (Juz) / جزء: المراجعة:_____Pass ( ) Fail ( )

Teacher Use: Date:_____ **Day:**_____ **Teacher:**_____ **Signature:**_____

New Hifz / Sabak / الجديد:_____Pass ( ) Fail ( )

Old Hifz for 7 Days / 7 Sabak / القديم ل٧ أيام:_____Pass ( ) Fail ( )

Revision (Juz) / جزء: المراجعة:_____Pass ( ) Fail ( )

Private Education - Dār SEMA (Seminary & Project)

Home of Science, English, Maths & Arabic

*** PRIVATE EDUCATION ***

Teacher Use: Date:_____ **Day:**_____ **Teacher:**_____ **Signature:**_____

New Hifz / Sabak / الجديد:_____ Pass ( ) Fail ( )

Old Hifz for 7 Days / 7 Sabak / القديم ل ٧ أيام:_____ Pass ( ) Fail ( )

Revision (Juz) / المراجعة: جزء:_____ Pass ( ) Fail ( )

Teacher Use: Date:_____ **Day:**_____ **Teacher:**_____ **Signature:**_____

New Hifz / Sabak / الجديد:_____ Pass ( ) Fail ( )

Old Hifz for 7 Days / 7 Sabak / القديم ل ٧ أيام:_____ Pass ( ) Fail ( )

Revision (Juz) / المراجعة: جزء:_____ Pass ( ) Fail ( )

Teacher Use: Date:_____ **Day:**_____ **Teacher:**_____ **Signature:**_____

New Hifz / Sabak / الجديد:_____ Pass ( ) Fail ( )

Old Hifz for 7 Days / 7 Sabak / القديم ل ٧ أيام:_____ Pass ( ) Fail ( )

Revision (Juz) / المراجعة: جزء:_____ Pass ( ) Fail ( )

Teacher Use: Date:_____ **Day:**_____ **Teacher:**_____ **Signature:**_____

New Hifz / Sabak / الجديد:_____ Pass ( ) Fail ( )

Old Hifz for 7 Days / 7 Sabak / القديم ل ٧ أيام:_____ Pass ( ) Fail ( )

Revision (Juz) / المراجعة: جزء:_____ Pass ( ) Fail ( )

Teacher Use: Date:_____ **Day:**_____ **Teacher:**_____ **Signature:**_____

New Hifz / Sabak / الجديد:_____ Pass ( ) Fail ( )

Old Hifz for 7 Days / 7 Sabak / القديم ل ٧ أيام:_____ Pass ( ) Fail ( )

Revision (Juz) / المراجعة: جزء:_____ Pass ( ) Fail ( )

Teacher Use: Date:_____ **Day:**_____ **Teacher:**_____ **Signature:**_____

New Hifz / Sabak / الجديد:_____ Pass ( ) Fail ( )

Old Hifz for 7 Days / 7 Sabak / القديم ل ٧ أيام:_____ Pass ( ) Fail ( )

Revision (Juz) / المراجعة: جزء:_____ Pass ( ) Fail ( )

Private Education - Dār SEMA (Seminary & Project)
Home of Science, English, Maths & Arabic

*** PRIVATE EDUCATION ***

Teacher Use: Date:_____ **Day:**_____ **Teacher:**_____ **Signature:**_____

New Hifz / Sabak / الجديد: _____ Pass ( ) Fail ( )

Old Hifz for 7 Days / 7 Sabak / القديم ل7 أيام:_____ Pass ( ) Fail ( )

Revision (Juz) / المراجعة: جزء /:_____ Pass ( ) Fail ( )

Teacher Use: Date:_____ **Day:**_____ **Teacher:**_____ **Signature:**_____

New Hifz / Sabak / الجديد: _____ Pass ( ) Fail ( )

Old Hifz for 7 Days / 7 Sabak / القديم ل7 أيام:_____ Pass ( ) Fail ( )

Revision (Juz) / المراجعة: جزء /:_____ Pass ( ) Fail ( )

Teacher Use: Date:_____ **Day:**_____ **Teacher:**_____ **Signature:**_____

New Hifz / Sabak / الجديد: _____ Pass ( ) Fail ( )

Old Hifz for 7 Days / 7 Sabak / القديم ل7 أيام:_____ Pass ( ) Fail ( )

Revision (Juz) / المراجعة: جزء /:_____ Pass ( ) Fail ( )

Teacher Use: Date:_____ **Day:**_____ **Teacher:**_____ **Signature:**_____

New Hifz / Sabak / الجديد: _____ Pass ( ) Fail ( )

Old Hifz for 7 Days / 7 Sabak / القديم ل7 أيام:_____ Pass ( ) Fail ( )

Revision (Juz) / المراجعة: جزء /:_____ Pass ( ) Fail ( )

Teacher Use: Date:_____ **Day:**_____ **Teacher:**_____ **Signature:**_____

New Hifz / Sabak / الجديد: _____ Pass ( ) Fail ( )

Old Hifz for 7 Days / 7 Sabak / القديم ل7 أيام:_____ Pass ( ) Fail ( )

Revision (Juz) / المراجعة: جزء /:_____ Pass ( ) Fail ( )

Teacher Use: Date:_____ **Day:**_____ **Teacher:**_____ **Signature:**_____

New Hifz / Sabak / الجديد: _____ Pass ( ) Fail ( )

Old Hifz for 7 Days / 7 Sabak / القديم ل7 أيام:_____ Pass ( ) Fail ( )

Revision (Juz) / المراجعة: جزء /:_____ Pass ( ) Fail ( )

Private Education - Dār SEMA (Seminary & Project)
Home of Science, English, Maths & Arabic

*** PRIVATE EDUCATION ***

Teacher Use: Date:_____ **Day:**_____ **Teacher:**_____ **Signature:**_____

New Hifz / Sabak / الجديد:_____Pass ( ) Fail ( )

Old Hifz for 7 Days / 7 Sabak / القديم ل٧ أيام:_____Pass ( ) Fail ( )

Revision (Juz) / المراجعة: جزء:_____Pass ( ) Fail ( )

Teacher Use: Date:_____ **Day:**_____ **Teacher:**_____ **Signature:**_____

New Hifz / Sabak / الجديد:_____Pass ( ) Fail ( )

Old Hifz for 7 Days / 7 Sabak / القديم ل٧ أيام:_____Pass ( ) Fail ( )

Revision (Juz) / المراجعة: جزء:_____Pass ( ) Fail ( )

Teacher Use: Date:_____ **Day:**_____ **Teacher:**_____ **Signature:**_____

New Hifz / Sabak / الجديد:_____Pass ( ) Fail ( )

Old Hifz for 7 Days / 7 Sabak / القديم ل٧ أيام:_____Pass ( ) Fail ( )

Revision (Juz) / المراجعة: جزء:_____Pass ( ) Fail ( )

Teacher Use: Date:_____ **Day:**_____ **Teacher:**_____ **Signature:**_____

New Hifz / Sabak / الجديد:_____Pass ( ) Fail ( )

Old Hifz for 7 Days / 7 Sabak / القديم ل٧ أيام:_____Pass ( ) Fail ( )

Revision (Juz) / المراجعة: جزء:_____Pass ( ) Fail ( )

Teacher Use: Date:_____ **Day:**_____ **Teacher:**_____ **Signature:**_____

New Hifz / Sabak / الجديد:_____Pass ( ) Fail ( )

Old Hifz for 7 Days / 7 Sabak / القديم ل٧ أيام:_____Pass ( ) Fail ( )

Revision (Juz) / المراجعة: جزء:_____Pass ( ) Fail ( )

Teacher Use: Date:_____ **Day:**_____ **Teacher:**_____ **Signature:**_____

New Hifz / Sabak / الجديد:_____Pass ( ) Fail ( )

Old Hifz for 7 Days / 7 Sabak / القديم ل٧ أيام:_____Pass ( ) Fail ( )

Revision (Juz) / المراجعة: جزء:_____Pass ( ) Fail ( )

Private Education - Dār SEMA (Seminary & Project)
Home of Science, English, Maths & Arabic

*** PRIVATE EDUCATION ***

Teacher Use: Date:_____ **Day:**_____ **Teacher:**_____ **Signature:**_____

New Hifz / Sabak / الجديد: _____Pass ( ) Fail ( )

Old Hifz for 7 Days / 7 Sabak / القديم ل ٧ أيام:_____Pass ( ) Fail ( )

Revision (Juz) / المراجعة: جزء:_____Pass ( ) Fail ( )

Teacher Use: Date:_____ **Day:**_____ **Teacher:**_____ **Signature:**_____

New Hifz / Sabak / الجديد: _____Pass ( ) Fail ( )

Old Hifz for 7 Days / 7 Sabak / القديم ل ٧ أيام:_____Pass ( ) Fail ( )

Revision (Juz) / المراجعة: جزء:_____Pass ( ) Fail ( )

Teacher Use: Date:_____ **Day:**_____ **Teacher:**_____ **Signature:**_____

New Hifz / Sabak / الجديد: _____Pass ( ) Fail ( )

Old Hifz for 7 Days / 7 Sabak / القديم ل ٧ أيام:_____Pass ( ) Fail ( )

Revision (Juz) / المراجعة: جزء:_____Pass ( ) Fail ( )

Teacher Use: Date:_____ **Day:**_____ **Teacher:**_____ **Signature:**_____

New Hifz / Sabak / الجديد: _____Pass ( ) Fail ( )

Old Hifz for 7 Days / 7 Sabak / القديم ل ٧ أيام:_____Pass ( ) Fail ( )

Revision (Juz) / المراجعة: جزء:_____Pass ( ) Fail ( )

Teacher Use: Date:_____ **Day:**_____ **Teacher:**_____ **Signature:**_____

New Hifz / Sabak / الجديد: _____Pass ( ) Fail ( )

Old Hifz for 7 Days / 7 Sabak / القديم ل ٧ أيام:_____Pass ( ) Fail ( )

Revision (Juz) / المراجعة: جزء:_____Pass ( ) Fail ( )

Teacher Use: Date:_____ **Day:**_____ **Teacher:**_____ **Signature:**_____

New Hifz / Sabak / الجديد: _____Pass ( ) Fail ( )

Old Hifz for 7 Days / 7 Sabak / القديم ل ٧ أيام:_____Pass ( ) Fail ( )

Revision (Juz) / المراجعة: جزء:_____Pass ( ) Fail ( )

Private Education - Dār SEMA (Seminary & Project)
Home of Science, English, Maths & Arabic

*** PRIVATE EDUCATION ***

Teacher Use: Date:_____ **Day:**_____ **Teacher:**_____ **Signature:**_____

New Hifz / Sabak / الجديد: _____ Pass ( ) Fail ( )

Old Hifz for 7 Days / 7 Sabak / القديم ل ٧ أيام: _____ Pass ( ) Fail ( )

Revision (Juz) / المراجعة: جزء: _____ Pass ( ) Fail ( )

Teacher Use: Date:_____ **Day:**_____ **Teacher:**_____ **Signature:**_____

New Hifz / Sabak / الجديد: _____ Pass ( ) Fail ( )

Old Hifz for 7 Days / 7 Sabak / القديم ل ٧ أيام: _____ Pass ( ) Fail ( )

Revision (Juz) / المراجعة: جزء: _____ Pass ( ) Fail ( )

Teacher Use: Date:_____ **Day:**_____ **Teacher:**_____ **Signature:**_____

New Hifz / Sabak / الجديد: _____ Pass ( ) Fail ( )

Old Hifz for 7 Days / 7 Sabak / القديم ل ٧ أيام: _____ Pass ( ) Fail ( )

Revision (Juz) / المراجعة: جزء: _____ Pass ( ) Fail ( )

Teacher Use: Date:_____ **Day:**_____ **Teacher:**_____ **Signature:**_____

New Hifz / Sabak / الجديد: _____ Pass ( ) Fail ( )

Old Hifz for 7 Days / 7 Sabak / القديم ل ٧ أيام: _____ Pass ( ) Fail ( )

Revision (Juz) / المراجعة: جزء: _____ Pass ( ) Fail ( )

Teacher Use: Date:_____ **Day:**_____ **Teacher:**_____ **Signature:**_____

New Hifz / Sabak / الجديد: _____ Pass ( ) Fail ( )

Old Hifz for 7 Days / 7 Sabak / القديم ل ٧ أيام: _____ Pass ( ) Fail ( )

Revision (Juz) / المراجعة: جزء: _____ Pass ( ) Fail ( )

Teacher Use: Date:_____ **Day:**_____ **Teacher:**_____ **Signature:**_____

New Hifz / Sabak / الجديد: _____ Pass ( ) Fail ( )

Old Hifz for 7 Days / 7 Sabak / القديم ل ٧ أيام: _____ Pass ( ) Fail ( )

Revision (Juz) / المراجعة: جزء: _____ Pass ( ) Fail ( )

Private Education - Dār SEMA (Seminary & Project)
Home of Science, English, Maths & Arabic

*** PRIVATE EDUCATION ***

Teacher Use: Date:_____ Day:_____ Teacher:_____ Signature:_____

New Hifz / Sabak / الجديد: _____Pass ( ) Fail ( )

Old Hifz for 7 Days / 7 Sabak / القديم ل ٧ أيام:_____Pass ( ) Fail ( )

Revision (Juz) / المراجعة: جزء /:_____Pass ( ) Fail ( )

Teacher Use: Date:_____ Day:_____ Teacher:_____ Signature:_____

New Hifz / Sabak / الجديد: _____Pass ( ) Fail ( )

Old Hifz for 7 Days / 7 Sabak / القديم ل ٧ أيام:_____Pass ( ) Fail ( )

Revision (Juz) / المراجعة: جزء /:_____Pass ( ) Fail ( )

Teacher Use: Date:_____ Day:_____ Teacher:_____ Signature:_____

New Hifz / Sabak / الجديد: _____Pass ( ) Fail ( )

Old Hifz for 7 Days / 7 Sabak / القديم ل ٧ أيام:_____Pass ( ) Fail ( )

Revision (Juz) / المراجعة: جزء /:_____Pass ( ) Fail ( )

Teacher Use: Date:_____ Day:_____ Teacher:_____ Signature:_____

New Hifz / Sabak / الجديد: _____Pass ( ) Fail ( )

Old Hifz for 7 Days / 7 Sabak / القديم ل ٧ أيام:_____Pass ( ) Fail ( )

Revision (Juz) / المراجعة: جزء /:_____Pass ( ) Fail ( )

Teacher Use: Date:_____ Day:_____ Teacher:_____ Signature:_____

New Hifz / Sabak / الجديد: _____Pass ( ) Fail ( )

Old Hifz for 7 Days / 7 Sabak / القديم ل ٧ أيام:_____Pass ( ) Fail ( )

Revision (Juz) / المراجعة: جزء /:_____Pass ( ) Fail ( )

Teacher Use: Date:_____ Day:_____ Teacher:_____ Signature:_____

New Hifz / Sabak / الجديد: _____Pass ( ) Fail ( )

Old Hifz for 7 Days / 7 Sabak / القديم ل ٧ أيام:_____Pass ( ) Fail ( )

Revision (Juz) / المراجعة: جزء /:_____Pass ( ) Fail ( )

Private Education - Dār SEMA (Seminary & Project)
Home of Science, English, Maths & Arabic

*** PRIVATE EDUCATION ***

Teacher Use: Date:_____ **Day:**_____ **Teacher:**_____ **Signature:**_____

New Hifz / Sabak / الجديد: _____ Pass ( ) Fail ( )

Old Hifz for 7 Days / 7 Sabak / القديم لـ٧ أيام: _____ Pass ( ) Fail ( )

Revision (Juz) / المراجعة: جزء: _____ Pass ( ) Fail ( )

Teacher Use: Date:_____ **Day:**_____ **Teacher:**_____ **Signature:**_____

New Hifz / Sabak / الجديد: _____ Pass ( ) Fail ( )

Old Hifz for 7 Days / 7 Sabak / القديم لـ٧ أيام: _____ Pass ( ) Fail ( )

Revision (Juz) / المراجعة: جزء: _____ Pass ( ) Fail ( )

Teacher Use: Date:_____ **Day:**_____ **Teacher:**_____ **Signature:**_____

New Hifz / Sabak / الجديد: _____ Pass ( ) Fail ( )

Old Hifz for 7 Days / 7 Sabak / القديم لـ٧ أيام: _____ Pass ( ) Fail ( )

Revision (Juz) / المراجعة: جزء: _____ Pass ( ) Fail ( )

Teacher Use: Date:_____ **Day:**_____ **Teacher:**_____ **Signature:**_____

New Hifz / Sabak / الجديد: _____ Pass ( ) Fail ( )

Old Hifz for 7 Days / 7 Sabak / القديم لـ٧ أيام: _____ Pass ( ) Fail ( )

Revision (Juz) / المراجعة: جزء: _____ Pass ( ) Fail ( )

Teacher Use: Date:_____ **Day:**_____ **Teacher:**_____ **Signature:**_____

New Hifz / Sabak / الجديد: _____ Pass ( ) Fail ( )

Old Hifz for 7 Days / 7 Sabak / القديم لـ٧ أيام: _____ Pass ( ) Fail ( )

Revision (Juz) / المراجعة: جزء: _____ Pass ( ) Fail ( )

Teacher Use: Date:_____ **Day:**_____ **Teacher:**_____ **Signature:**_____

New Hifz / Sabak / الجديد: _____ Pass ( ) Fail ( )

Old Hifz for 7 Days / 7 Sabak / القديم لـ٧ أيام: _____ Pass ( ) Fail ( )

Revision (Juz) / المراجعة: جزء: _____ Pass ( ) Fail ( )

Private Education - Dār SEMA (Seminary & Project)
Home of Science, English, Maths & Arabic

*** PRIVATE EDUCATION ***

Teacher Use: Date:_____ **Day:**_____ **Teacher:**_____ **Signature:**_____

New Hifz / Sabak / الجديد: _____ Pass ( ) Fail ( )

Old Hifz for 7 Days / 7 Sabak / القديم لـ٧ أيام: _____ Pass ( ) Fail ( )

Revision (Juz) / المراجعة: جزء: _____ Pass ( ) Fail ( )

Teacher Use: Date:_____ **Day:**_____ **Teacher:**_____ **Signature:**_____

New Hifz / Sabak / الجديد: _____ Pass ( ) Fail ( )

Old Hifz for 7 Days / 7 Sabak / القديم لـ٧ أيام: _____ Pass ( ) Fail ( )

Revision (Juz) / المراجعة: جزء: _____ Pass ( ) Fail ( )

Teacher Use: Date:_____ **Day:**_____ **Teacher:**_____ **Signature:**_____

New Hifz / Sabak / الجديد: _____ Pass ( ) Fail ( )

Old Hifz for 7 Days / 7 Sabak / القديم لـ٧ أيام: _____ Pass ( ) Fail ( )

Revision (Juz) / المراجعة: جزء: _____ Pass ( ) Fail ( )

Teacher Use: Date:_____ **Day:**_____ **Teacher:**_____ **Signature:**_____

New Hifz / Sabak / الجديد: _____ Pass ( ) Fail ( )

Old Hifz for 7 Days / 7 Sabak / القديم لـ٧ أيام: _____ Pass ( ) Fail ( )

Revision (Juz) / المراجعة: جزء: _____ Pass ( ) Fail ( )

Teacher Use: Date:_____ **Day:**_____ **Teacher:**_____ **Signature:**_____

New Hifz / Sabak / الجديد: _____ Pass ( ) Fail ( )

Old Hifz for 7 Days / 7 Sabak / القديم لـ٧ أيام: _____ Pass ( ) Fail ( )

Revision (Juz) / المراجعة: جزء: _____ Pass ( ) Fail ( )

Teacher Use: Date:_____ **Day:**_____ **Teacher:**_____ **Signature:**_____

New Hifz / Sabak / الجديد: _____ Pass ( ) Fail ( )

Old Hifz for 7 Days / 7 Sabak / القديم لـ٧ أيام: _____ Pass ( ) Fail ( )

Revision (Juz) / المراجعة: جزء: _____ Pass ( ) Fail ( )

Private Education - Dār SEMA (Seminary & Project)
Home of Science, English, Maths & Arabic

*** PRIVATE EDUCATION ***

Teacher Use: Date:_____ **Day:**_____ **Teacher:**_____ **Signature:**_____

New Hifz / Sabak / الجديد:_____Pass ( ) Fail ( )

Old Hifz for 7 Days / 7 Sabak / القديم ل٧ أيام:_____Pass ( ) Fail ( )

Revision (Juz) / المراجعة: جزء:_____Pass ( ) Fail ( )

Teacher Use: Date:_____ **Day:**_____ **Teacher:**_____ **Signature:**_____

New Hifz / Sabak / الجديد:_____Pass ( ) Fail ( )

Old Hifz for 7 Days / 7 Sabak / القديم ل٧ أيام:_____Pass ( ) Fail ( )

Revision (Juz) / المراجعة: جزء:_____Pass ( ) Fail ( )

Teacher Use: Date:_____ **Day:**_____ **Teacher:**_____ **Signature:**_____

New Hifz / Sabak / الجديد:_____Pass ( ) Fail ( )

Old Hifz for 7 Days / 7 Sabak / القديم ل٧ أيام:_____Pass ( ) Fail ( )

Revision (Juz) / المراجعة: جزء:_____Pass ( ) Fail ( )

Teacher Use: Date:_____ **Day:**_____ **Teacher:**_____ **Signature:**_____

New Hifz / Sabak / الجديد:_____Pass ( ) Fail ( )

Old Hifz for 7 Days / 7 Sabak / القديم ل٧ أيام:_____Pass ( ) Fail ( )

Revision (Juz) / المراجعة: جزء:_____Pass ( ) Fail ( )

Teacher Use: Date:_____ **Day:**_____ **Teacher:**_____ **Signature:**_____

New Hifz / Sabak / الجديد:_____Pass ( ) Fail ( )

Old Hifz for 7 Days / 7 Sabak / القديم ل٧ أيام:_____Pass ( ) Fail ( )

Revision (Juz) / المراجعة: جزء:_____Pass ( ) Fail ( )

Teacher Use: Date:_____ **Day:**_____ **Teacher:**_____ **Signature:**_____

New Hifz / Sabak / الجديد:_____Pass ( ) Fail ( )

Old Hifz for 7 Days / 7 Sabak / القديم ل٧ أيام:_____Pass ( ) Fail ( )

Revision (Juz) / المراجعة: جزء:_____Pass ( ) Fail ( )

Private Education - Dār SEMA (Seminary & Project)
Home of Science, English, Maths & Arabic

*** PRIVATE EDUCATION ***

Teacher Use: Date:_____ **Day:**_____ **Teacher:**_____ **Signature:**_____

New Hifz / Sabak / الجديد:_____Pass ( ) Fail ( )

Old Hifz for 7 Days / 7 Sabak / القديم ل٧ أيام:_____Pass ( ) Fail ( )

Revision (Juz) / المراجعة: جزء:_____Pass ( ) Fail ( )

Teacher Use: Date:_____ **Day:**_____ **Teacher:**_____ **Signature:**_____

New Hifz / Sabak / الجديد:_____Pass ( ) Fail ( )

Old Hifz for 7 Days / 7 Sabak / القديم ل٧ أيام:_____Pass ( ) Fail ( )

Revision (Juz) / المراجعة: جزء:_____Pass ( ) Fail ( )

Teacher Use: Date:_____ **Day:**_____ **Teacher:**_____ **Signature:**_____

New Hifz / Sabak / الجديد:_____Pass ( ) Fail ( )

Old Hifz for 7 Days / 7 Sabak / القديم ل٧ أيام:_____Pass ( ) Fail ( )

Revision (Juz) / المراجعة: جزء:_____Pass ( ) Fail ( )

Teacher Use: Date:_____ **Day:**_____ **Teacher:**_____ **Signature:**_____

New Hifz / Sabak / الجديد:_____Pass ( ) Fail ( )

Old Hifz for 7 Days / 7 Sabak / القديم ل٧ أيام:_____Pass ( ) Fail ( )

Revision (Juz) / المراجعة: جزء:_____Pass ( ) Fail ( )

Teacher Use: Date:_____ **Day:**_____ **Teacher:**_____ **Signature:**_____

New Hifz / Sabak / الجديد:_____Pass ( ) Fail ( )

Old Hifz for 7 Days / 7 Sabak / القديم ل٧ أيام:_____Pass ( ) Fail ( )

Revision (Juz) / المراجعة: جزء:_____Pass ( ) Fail ( )

Teacher Use: Date:_____ **Day:**_____ **Teacher:**_____ **Signature:**_____

New Hifz / Sabak / الجديد:_____Pass ( ) Fail ( )

Old Hifz for 7 Days / 7 Sabak / القديم ل٧ أيام:_____Pass ( ) Fail ( )

Revision (Juz) / المراجعة: جزء:_____Pass ( ) Fail ( )

Private Education - Dār SEMA (Seminary & Project)
Home of Science, English, Maths & Arabic

*** PRIVATE EDUCATION ***

Teacher Use: Date:_____ **Day:**_____ **Teacher:**_____ **Signature:**_____

New Hifz / Sabak / الجديد: _____Pass ( ) Fail ( )

Old Hifz for 7 Days / 7 Sabak / القديم ل٧ أيام:_____Pass ( ) Fail ( )

Revision (Juz) / المراجعة: جزء:_____Pass ( ) Fail ( )

Teacher Use: Date:_____ **Day:**_____ **Teacher:**_____ **Signature:**_____

New Hifz / Sabak / الجديد: _____Pass ( ) Fail ( )

Old Hifz for 7 Days / 7 Sabak / القديم ل٧ أيام:_____Pass ( ) Fail ( )

Revision (Juz) / المراجعة: جزء:_____Pass ( ) Fail ( )

Teacher Use: Date:_____ **Day:**_____ **Teacher:**_____ **Signature:**_____

New Hifz / Sabak / الجديد: _____Pass ( ) Fail ( )

Old Hifz for 7 Days / 7 Sabak / القديم ل٧ أيام:_____Pass ( ) Fail ( )

Revision (Juz) / المراجعة: جزء:_____Pass ( ) Fail ( )

Teacher Use: Date:_____ **Day:**_____ **Teacher:**_____ **Signature:**_____

New Hifz / Sabak / الجديد: _____Pass ( ) Fail ( )

Old Hifz for 7 Days / 7 Sabak / القديم ل٧ أيام:_____Pass ( ) Fail ( )

Revision (Juz) / المراجعة: جزء:_____Pass ( ) Fail ( )

Teacher Use: Date:_____ **Day:**_____ **Teacher:**_____ **Signature:**_____

New Hifz / Sabak / الجديد: _____Pass ( ) Fail ( )

Old Hifz for 7 Days / 7 Sabak / القديم ل٧ أيام:_____Pass ( ) Fail ( )

Revision (Juz) / المراجعة: جزء:_____Pass ( ) Fail ( )

Teacher Use: Date:_____ **Day:**_____ **Teacher:**_____ **Signature:**_____

New Hifz / Sabak / الجديد: _____Pass ( ) Fail ( )

Old Hifz for 7 Days / 7 Sabak / القديم ل٧ أيام:_____Pass ( ) Fail ( )

Revision (Juz) / المراجعة: جزء:_____Pass ( ) Fail ( )

Private Education - Dār SEMA (Seminary & Project)
Home of Science, English, Maths & Arabic

*** PRIVATE EDUCATION ***

Teacher Use: Date:_____ **Day:**_____ **Teacher:**_____ **Signature:**_____

New Hifz / Sabak / الجديد :_____ Pass ( ) Fail ( )

Old Hifz for 7 Days / 7 Sabak / القديم ل ٧ أيام:_____ Pass ( ) Fail ( )

Revision (Juz) / المراجعة: جزء :_____ Pass ( ) Fail ( )

Teacher Use: Date:_____ **Day:**_____ **Teacher:**_____ **Signature:**_____

New Hifz / Sabak / الجديد :_____ Pass ( ) Fail ( )

Old Hifz for 7 Days / 7 Sabak / القديم ل ٧ أيام:_____ Pass ( ) Fail ( )

Revision (Juz) / المراجعة: جزء :_____ Pass ( ) Fail ( )

Teacher Use: Date:_____ **Day:**_____ **Teacher:**_____ **Signature:**_____

New Hifz / Sabak / الجديد :_____ Pass ( ) Fail ( )

Old Hifz for 7 Days / 7 Sabak / القديم ل ٧ أيام:_____ Pass ( ) Fail ( )

Revision (Juz) / المراجعة: جزء :_____ Pass ( ) Fail ( )

Teacher Use: Date:_____ **Day:**_____ **Teacher:**_____ **Signature:**_____

New Hifz / Sabak / الجديد :_____ Pass ( ) Fail ( )

Old Hifz for 7 Days / 7 Sabak / القديم ل ٧ أيام:_____ Pass ( ) Fail ( )

Revision (Juz) / المراجعة: جزء :_____ Pass ( ) Fail ( )

Teacher Use: Date:_____ **Day:**_____ **Teacher:**_____ **Signature:**_____

New Hifz / Sabak / الجديد :_____ Pass ( ) Fail ( )

Old Hifz for 7 Days / 7 Sabak / القديم ل ٧ أيام:_____ Pass ( ) Fail ( )

Revision (Juz) / المراجعة: جزء :_____ Pass ( ) Fail ( )

Teacher Use: Date:_____ **Day:**_____ **Teacher:**_____ **Signature:**_____

New Hifz / Sabak / الجديد :_____ Pass ( ) Fail ( )

Old Hifz for 7 Days / 7 Sabak / القديم ل ٧ أيام:_____ Pass ( ) Fail ( )

Revision (Juz) / المراجعة: جزء :_____ Pass ( ) Fail ( )

Private Education - Dār SEMA (Seminary & Project)
Home of Science, English, Maths & Arabic

*** PRIVATE EDUCATION ***

Teacher Use: Date:_____ **Day:**_____ **Teacher:**_____ **Signature:**_____

New Hifz / Sabak / الجديد:_____ Pass ( ) Fail ( )

Old Hifz for 7 Days / 7 Sabak / القديم ل ٧ أيام:_____ Pass ( ) Fail ( )

Revision (Juz) / المراجعة: جزء:_____ Pass ( ) Fail ( )

Teacher Use: Date:_____ **Day:**_____ **Teacher:**_____ **Signature:**_____

New Hifz / Sabak / الجديد:_____ Pass ( ) Fail ( )

Old Hifz for 7 Days / 7 Sabak / القديم ل ٧ أيام:_____ Pass ( ) Fail ( )

Revision (Juz) / المراجعة: جزء:_____ Pass ( ) Fail ( )

Teacher Use: Date:_____ **Day:**_____ **Teacher:**_____ **Signature:**_____

New Hifz / Sabak / الجديد:_____ Pass ( ) Fail ( )

Old Hifz for 7 Days / 7 Sabak / القديم ل ٧ أيام:_____ Pass ( ) Fail ( )

Revision (Juz) / المراجعة: جزء:_____ Pass ( ) Fail ( )

Teacher Use: Date:_____ **Day:**_____ **Teacher:**_____ **Signature:**_____

New Hifz / Sabak / الجديد:_____ Pass ( ) Fail ( )

Old Hifz for 7 Days / 7 Sabak / القديم ل ٧ أيام:_____ Pass ( ) Fail ( )

Revision (Juz) / المراجعة: جزء:_____ Pass ( ) Fail ( )

Teacher Use: Date:_____ **Day:**_____ **Teacher:**_____ **Signature:**_____

New Hifz / Sabak / الجديد:_____ Pass ( ) Fail ( )

Old Hifz for 7 Days / 7 Sabak / القديم ل ٧ أيام:_____ Pass ( ) Fail ( )

Revision (Juz) / المراجعة: جزء:_____ Pass ( ) Fail ( )

Teacher Use: Date:_____ **Day:**_____ **Teacher:**_____ **Signature:**_____

New Hifz / Sabak / الجديد:_____ Pass ( ) Fail ( )

Old Hifz for 7 Days / 7 Sabak / القديم ل ٧ أيام:_____ Pass ( ) Fail ( )

Revision (Juz) / المراجعة: جزء:_____ Pass ( ) Fail ( )

Private Education - Dār SEMA (Seminary & Project)
Home of Science, English, Maths & Arabic

*** PRIVATE EDUCATION ***

Teacher Use: Date:_____ **Day:**_____ **Teacher:**_____ **Signature:**_____

New Hifz / Sabak / الجديد:_____Pass ( ) Fail ( )

Old Hifz for 7 Days / 7 Sabak / القديم ل ٧ أيام:_____Pass ( ) Fail ( )

Revision (Juz) / المراجعة: جزء:_____Pass ( ) Fail ( )

Teacher Use: Date:_____ **Day:**_____ **Teacher:**_____ **Signature:**_____

New Hifz / Sabak / الجديد:_____Pass ( ) Fail ( )

Old Hifz for 7 Days / 7 Sabak / القديم ل ٧ أيام:_____Pass ( ) Fail ( )

Revision (Juz) / المراجعة: جزء:_____Pass ( ) Fail ( )

Teacher Use: Date:_____ **Day:**_____ **Teacher:**_____ **Signature:**_____

New Hifz / Sabak / الجديد:_____Pass ( ) Fail ( )

Old Hifz for 7 Days / 7 Sabak / القديم ل ٧ أيام:_____Pass ( ) Fail ( )

Revision (Juz) / المراجعة: جزء:_____Pass ( ) Fail ( )

Teacher Use: Date:_____ **Day:**_____ **Teacher:**_____ **Signature:**_____

New Hifz / Sabak / الجديد:_____Pass ( ) Fail ( )

Old Hifz for 7 Days / 7 Sabak / القديم ل ٧ أيام:_____Pass ( ) Fail ( )

Revision (Juz) / المراجعة: جزء:_____Pass ( ) Fail ( )

Teacher Use: Date:_____ **Day:**_____ **Teacher:**_____ **Signature:**_____

New Hifz / Sabak / الجديد:_____Pass ( ) Fail ( )

Old Hifz for 7 Days / 7 Sabak / القديم ل ٧ أيام:_____Pass ( ) Fail ( )

Revision (Juz) / المراجعة: جزء:_____Pass ( ) Fail ( )

Teacher Use: Date:_____ **Day:**_____ **Teacher:**_____ **Signature:**_____

New Hifz / Sabak / الجديد:_____Pass ( ) Fail ( )

Old Hifz for 7 Days / 7 Sabak / القديم ل ٧ أيام:_____Pass ( ) Fail ( )

Revision (Juz) / المراجعة: جزء:_____Pass ( ) Fail ( )

Private Education - Dār SEMA (Seminary & Project)
Home of Science, English, Maths & Arabic

*** PRIVATE EDUCATION ***

Teacher Use: Date:_____ **Day:**_____ **Teacher:**_____ **Signature:**_____

New Hifz / Sabak / الجديد:_____Pass ( ) Fail ( )

Old Hifz for 7 Days / 7 Sabak / القديم ل ٧ أيام:_____Pass ( ) Fail ( )

Revision (Juz) / جزء : المراجعة:_____Pass ( ) Fail ( )

Teacher Use: Date:_____ **Day:**_____ **Teacher:**_____ **Signature:**_____

New Hifz / Sabak / الجديد:_____Pass ( ) Fail ( )

Old Hifz for 7 Days / 7 Sabak / القديم ل ٧ أيام:_____Pass ( ) Fail ( )

Revision (Juz) / جزء : المراجعة:_____Pass ( ) Fail ( )

Teacher Use: Date:_____ **Day:**_____ **Teacher:**_____ **Signature:**_____

New Hifz / Sabak / الجديد:_____Pass ( ) Fail ( )

Old Hifz for 7 Days / 7 Sabak / القديم ل ٧ أيام:_____Pass ( ) Fail ( )

Revision (Juz) / جزء : المراجعة:_____Pass ( ) Fail ( )

Teacher Use: Date:_____ **Day:**_____ **Teacher:**_____ **Signature:**_____

New Hifz / Sabak / الجديد:_____Pass ( ) Fail ( )

Old Hifz for 7 Days / 7 Sabak / القديم ل ٧ أيام:_____Pass ( ) Fail ( )

Revision (Juz) / جزء : المراجعة:_____Pass ( ) Fail ( )

Teacher Use: Date:_____ **Day:**_____ **Teacher:**_____ **Signature:**_____

New Hifz / Sabak / الجديد:_____Pass ( ) Fail ( )

Old Hifz for 7 Days / 7 Sabak / القديم ل ٧ أيام:_____Pass ( ) Fail ( )

Revision (Juz) / جزء : المراجعة:_____Pass ( ) Fail ( )

Teacher Use: Date:_____ **Day:**_____ **Teacher:**_____ **Signature:**_____

New Hifz / Sabak / الجديد:_____Pass ( ) Fail ( )

Old Hifz for 7 Days / 7 Sabak / القديم ل ٧ أيام:_____Pass ( ) Fail ( )

Revision (Juz) / جزء : المراجعة:_____Pass ( ) Fail ( )

Private Education - Dār SEMA (Seminary & Project)
Home of Science, English, Maths & Arabic

*** PRIVATE EDUCATION ***

Teacher Use: Date:_____**Day:**_____**Teacher:**_____**Signature:**_____

New Hifz / Sabak / الجديد: _____Pass ( ) Fail ( )

Old Hifz for 7 Days / 7 Sabak / القديم ل٧ أيام:_____Pass ( ) Fail ( )

Revision (Juz) / المراجعة: جزء:_____Pass ( ) Fail ( )

Teacher Use: Date:_____**Day:**_____**Teacher:**_____**Signature:**_____

New Hifz / Sabak / الجديد: _____Pass ( ) Fail ( )

Old Hifz for 7 Days / 7 Sabak / القديم ل٧ أيام:_____Pass ( ) Fail ( )

Revision (Juz) / المراجعة: جزء:_____Pass ( ) Fail ( )

Teacher Use: Date:_____**Day:**_____**Teacher:**_____**Signature:**_____

New Hifz / Sabak / الجديد: _____Pass ( ) Fail ( )

Old Hifz for 7 Days / 7 Sabak / القديم ل٧ أيام:_____Pass ( ) Fail ( )

Revision (Juz) / المراجعة: جزء:_____Pass ( ) Fail ( )

Teacher Use: Date:_____**Day:**_____**Teacher:**_____**Signature:**_____

New Hifz / Sabak / الجديد: _____Pass ( ) Fail ( )

Old Hifz for 7 Days / 7 Sabak / القديم ل٧ أيام:_____Pass ( ) Fail ( )

Revision (Juz) / المراجعة: جزء:_____Pass ( ) Fail ( )

Teacher Use: Date:_____**Day:**_____**Teacher:**_____**Signature:**_____

New Hifz / Sabak / الجديد: _____Pass ( ) Fail ( )

Old Hifz for 7 Days / 7 Sabak / القديم ل٧ أيام:_____Pass ( ) Fail ( )

Revision (Juz) / المراجعة: جزء:_____Pass ( ) Fail ( )

Teacher Use: Date:_____**Day:**_____**Teacher:**_____**Signature:**_____

New Hifz / Sabak / الجديد: _____Pass ( ) Fail ( )

Old Hifz for 7 Days / 7 Sabak / القديم ل٧ أيام:_____Pass ( ) Fail ( )

Revision (Juz) / المراجعة: جزء:_____Pass ( ) Fail ( )

Private Education - Dār SEMA (Seminary & Project)
Home of Science, English, Maths & Arabic

*** PRIVATE EDUCATION ***

Teacher Use: Date:_____ **Day:**_____ **Teacher:**_____ **Signature:**_____

New Hifz / Sabak / الجديد: _____ Pass ( ) Fail ( )

Old Hifz for 7 Days / 7 Sabak / القديم ل٧ أيام:_____ Pass ( ) Fail ( )

Revision (Juz) / المراجعة: جزء:_____ Pass ( ) Fail ( )

Teacher Use: Date:_____ **Day:**_____ **Teacher:**_____ **Signature:**_____

New Hifz / Sabak / الجديد: _____ Pass ( ) Fail ( )

Old Hifz for 7 Days / 7 Sabak / القديم ل٧ أيام:_____ Pass ( ) Fail ( )

Revision (Juz) / المراجعة: جزء:_____ Pass ( ) Fail ( )

Teacher Use: Date:_____ **Day:**_____ **Teacher:**_____ **Signature:**_____

New Hifz / Sabak / الجديد: _____ Pass ( ) Fail ( )

Old Hifz for 7 Days / 7 Sabak / القديم ل٧ أيام:_____ Pass ( ) Fail ( )

Revision (Juz) / المراجعة: جزء:_____ Pass ( ) Fail ( )

Teacher Use: Date:_____ **Day:**_____ **Teacher:**_____ **Signature:**_____

New Hifz / Sabak / الجديد: _____ Pass ( ) Fail ( )

Old Hifz for 7 Days / 7 Sabak / القديم ل٧ أيام:_____ Pass ( ) Fail ( )

Revision (Juz) / المراجعة: جزء:_____ Pass ( ) Fail ( )

Teacher Use: Date:_____ **Day:**_____ **Teacher:**_____ **Signature:**_____

New Hifz / Sabak / الجديد: _____ Pass ( ) Fail ( )

Old Hifz for 7 Days / 7 Sabak / القديم ل٧ أيام:_____ Pass ( ) Fail ( )

Revision (Juz) / المراجعة: جزء:_____ Pass ( ) Fail ( )

Teacher Use: Date:_____ **Day:**_____ **Teacher:**_____ **Signature:**_____

New Hifz / Sabak / الجديد: _____ Pass ( ) Fail ( )

Old Hifz for 7 Days / 7 Sabak / القديم ل٧ أيام:_____ Pass ( ) Fail ( )

Revision (Juz) / المراجعة: جزء:_____ Pass ( ) Fail ( )

Private Education - Dār SEMA (Seminary & Project)
Home of Science, English, Maths & Arabic

*** PRIVATE EDUCATION ***

Teacher Use: Date:_____**Day:**_____**Teacher:**_____**Signature:**_____

New Hifz / Sabak / الجديد: _____Pass ( ) Fail ( )

Old Hifz for 7 Days / 7 Sabak / القديم ل٧ أيام:_____Pass ( ) Fail ( )

Revision (Juz) / المراجعة: جزء:_____Pass ( ) Fail ( )

Teacher Use: Date:_____**Day:**_____**Teacher:**_____**Signature:**_____

New Hifz / Sabak / الجديد: _____Pass ( ) Fail ( )

Old Hifz for 7 Days / 7 Sabak / القديم ل٧ أيام:_____Pass ( ) Fail ( )

Revision (Juz) / المراجعة: جزء:_____Pass ( ) Fail ( )

Teacher Use: Date:_____**Day:**_____**Teacher:**_____**Signature:**_____

New Hifz / Sabak / الجديد: _____Pass ( ) Fail ( )

Old Hifz for 7 Days / 7 Sabak / القديم ل٧ أيام:_____Pass ( ) Fail ( )

Revision (Juz) / المراجعة: جزء:_____Pass ( ) Fail ( )

Teacher Use: Date:_____**Day:**_____**Teacher:**_____**Signature:**_____

New Hifz / Sabak / الجديد: _____Pass ( ) Fail ( )

Old Hifz for 7 Days / 7 Sabak / القديم ل٧ أيام:_____Pass ( ) Fail ( )

Revision (Juz) / المراجعة: جزء:_____Pass ( ) Fail ( )

Teacher Use: Date:_____**Day:**_____**Teacher:**_____**Signature:**_____

New Hifz / Sabak / الجديد: _____Pass ( ) Fail ( )

Old Hifz for 7 Days / 7 Sabak / القديم ل٧ أيام:_____Pass ( ) Fail ( )

Revision (Juz) / المراجعة: جزء:_____Pass ( ) Fail ( )

Teacher Use: Date:_____**Day:**_____**Teacher:**_____**Signature:**_____

New Hifz / Sabak / الجديد: _____Pass ( ) Fail ( )

Old Hifz for 7 Days / 7 Sabak / القديم ل٧ أيام:_____Pass ( ) Fail ( )

Revision (Juz) / المراجعة: جزء:_____Pass ( ) Fail ( )

Private Education - Dār SEMA (Seminary & Project)
Home of Science, English, Maths & Arabic

*** PRIVATE EDUCATION ***

Teacher Use: Date:_____ **Day:**_____ **Teacher:**_____ **Signature:**_____

New Hifz / Sabak / الجديد:_____ Pass ( ) Fail ( )

Old Hifz for 7 Days / 7 Sabak / القديم ل٧ أيام:_____ Pass ( ) Fail ( )

Revision (Juz) / المراجعة: جزء:_____ Pass ( ) Fail ( )

Teacher Use: Date:_____ **Day:**_____ **Teacher:**_____ **Signature:**_____

New Hifz / Sabak / الجديد:_____ Pass ( ) Fail ( )

Old Hifz for 7 Days / 7 Sabak / القديم ل٧ أيام:_____ Pass ( ) Fail ( )

Revision (Juz) / المراجعة: جزء:_____ Pass ( ) Fail ( )

Teacher Use: Date:_____ **Day:**_____ **Teacher:**_____ **Signature:**_____

New Hifz / Sabak / الجديد:_____ Pass ( ) Fail ( )

Old Hifz for 7 Days / 7 Sabak / القديم ل٧ أيام:_____ Pass ( ) Fail ( )

Revision (Juz) / المراجعة: جزء:_____ Pass ( ) Fail ( )

Teacher Use: Date:_____ **Day:**_____ **Teacher:**_____ **Signature:**_____

New Hifz / Sabak / الجديد:_____ Pass ( ) Fail ( )

Old Hifz for 7 Days / 7 Sabak / القديم ل٧ أيام:_____ Pass ( ) Fail ( )

Revision (Juz) / المراجعة: جزء:_____ Pass ( ) Fail ( )

Teacher Use: Date:_____ **Day:**_____ **Teacher:**_____ **Signature:**_____

New Hifz / Sabak / الجديد:_____ Pass ( ) Fail ( )

Old Hifz for 7 Days / 7 Sabak / القديم ل٧ أيام:_____ Pass ( ) Fail ( )

Revision (Juz) / المراجعة: جزء:_____ Pass ( ) Fail ( )

Teacher Use: Date:_____ **Day:**_____ **Teacher:**_____ **Signature:**_____

New Hifz / Sabak / الجديد:_____ Pass ( ) Fail ( )

Old Hifz for 7 Days / 7 Sabak / القديم ل٧ أيام:_____ Pass ( ) Fail ( )

Revision (Juz) / المراجعة: جزء:_____ Pass ( ) Fail ( )

Private Education - Dār SEMA (Seminary & Project)
Home of Science, English, Maths & Arabic

*** PRIVATE EDUCATION ***

Teacher Use: Date:_____ **Day:**_____ **Teacher:**_____ **Signature:**_____

New Hifz / Sabak / الجديد: _____ Pass ( ) Fail ( )

Old Hifz for 7 Days / 7 Sabak / القديم ل٧ أيام: _____ Pass ( ) Fail ( )

Revision (Juz) / المراجعة: جزء: _____ Pass ( ) Fail ( )

Teacher Use: Date:_____ **Day:**_____ **Teacher:**_____ **Signature:**_____

New Hifz / Sabak / الجديد: _____ Pass ( ) Fail ( )

Old Hifz for 7 Days / 7 Sabak / القديم ل٧ أيام: _____ Pass ( ) Fail ( )

Revision (Juz) / المراجعة: جزء: _____ Pass ( ) Fail ( )

Teacher Use: Date:_____ **Day:**_____ **Teacher:**_____ **Signature:**_____

New Hifz / Sabak / الجديد: _____ Pass ( ) Fail ( )

Old Hifz for 7 Days / 7 Sabak / القديم ل٧ أيام: _____ Pass ( ) Fail ( )

Revision (Juz) / المراجعة: جزء: _____ Pass ( ) Fail ( )

Teacher Use: Date:_____ **Day:**_____ **Teacher:**_____ **Signature:**_____

New Hifz / Sabak / الجديد: _____ Pass ( ) Fail ( )

Old Hifz for 7 Days / 7 Sabak / القديم ل٧ أيام: _____ Pass ( ) Fail ( )

Revision (Juz) / المراجعة: جزء: _____ Pass ( ) Fail ( )

Teacher Use: Date:_____ **Day:**_____ **Teacher:**_____ **Signature:**_____

New Hifz / Sabak / الجديد: _____ Pass ( ) Fail ( )

Old Hifz for 7 Days / 7 Sabak / القديم ل٧ أيام: _____ Pass ( ) Fail ( )

Revision (Juz) / المراجعة: جزء: _____ Pass ( ) Fail ( )

Teacher Use: Date:_____ **Day:**_____ **Teacher:**_____ **Signature:**_____

New Hifz / Sabak / الجديد: _____ Pass ( ) Fail ( )

Old Hifz for 7 Days / 7 Sabak / القديم ل٧ أيام: _____ Pass ( ) Fail ( )

Revision (Juz) / المراجعة: جزء: _____ Pass ( ) Fail ( )

Private Education - Dār SEMA (Seminary & Project)
Home of Science, English, Maths & Arabic

*** PRIVATE EDUCATION ***

Teacher Use: Date:_____ **Day:**_____ **Teacher:**_____ **Signature:**_____

New Hifz / Sabak / الجديد: _____ Pass ( ) Fail ( )

Old Hifz for 7 Days / 7 Sabak / القديم لـ ٧ أيام:_____ Pass ( ) Fail ( )

Revision (Juz) / المراجعة: جزء :_____ Pass ( ) Fail ( )

Teacher Use: Date:_____ **Day:**_____ **Teacher:**_____ **Signature:**_____

New Hifz / Sabak / الجديد: _____ Pass ( ) Fail ( )

Old Hifz for 7 Days / 7 Sabak / القديم لـ ٧ أيام:_____ Pass ( ) Fail ( )

Revision (Juz) / المراجعة: جزء :_____ Pass ( ) Fail ( )

Teacher Use: Date:_____ **Day:**_____ **Teacher:**_____ **Signature:**_____

New Hifz / Sabak / الجديد: _____ Pass ( ) Fail ( )

Old Hifz for 7 Days / 7 Sabak / القديم لـ ٧ أيام:_____ Pass ( ) Fail ( )

Revision (Juz) / المراجعة: جزء :_____ Pass ( ) Fail ( )

Teacher Use: Date:_____ **Day:**_____ **Teacher:**_____ **Signature:**_____

New Hifz / Sabak / الجديد: _____ Pass ( ) Fail ( )

Old Hifz for 7 Days / 7 Sabak / القديم لـ ٧ أيام:_____ Pass ( ) Fail ( )

Revision (Juz) / المراجعة: جزء :_____ Pass ( ) Fail ( )

Teacher Use: Date:_____ **Day:**_____ **Teacher:**_____ **Signature:**_____

New Hifz / Sabak / الجديد: _____ Pass ( ) Fail ( )

Old Hifz for 7 Days / 7 Sabak / القديم لـ ٧ أيام:_____ Pass ( ) Fail ( )

Revision (Juz) / المراجعة: جزء :_____ Pass ( ) Fail ( )

Teacher Use: Date:_____ **Day:**_____ **Teacher:**_____ **Signature:**_____

New Hifz / Sabak / الجديد: _____ Pass ( ) Fail ( )

Old Hifz for 7 Days / 7 Sabak / القديم لـ ٧ أيام:_____ Pass ( ) Fail ( )

Revision (Juz) / المراجعة: جزء :_____ Pass ( ) Fail ( )

Private Education - Dār SEMA (Seminary & Project)
Home of Science, English, Maths & Arabic

*** PRIVATE EDUCATION ***

Teacher Use: Date:_____ **Day:**_____ **Teacher:**_____ **Signature:**_____

New Hifz / Sabak / الجديد :_____Pass ( ) Fail ( )

Old Hifz for 7 Days / 7 Sabak / القديم ل ٧ أيام:_____Pass ( ) Fail ( )

Revision (Juz) / المراجعة: جزء :_____Pass ( ) Fail ( )

Teacher Use: Date:_____ **Day:**_____ **Teacher:**_____ **Signature:**_____

New Hifz / Sabak / الجديد :_____Pass ( ) Fail ( )

Old Hifz for 7 Days / 7 Sabak / القديم ل ٧ أيام:_____Pass ( ) Fail ( )

Revision (Juz) / المراجعة: جزء :_____Pass ( ) Fail ( )

Teacher Use: Date:_____ **Day:**_____ **Teacher:**_____ **Signature:**_____

New Hifz / Sabak / الجديد :_____Pass ( ) Fail ( )

Old Hifz for 7 Days / 7 Sabak / القديم ل ٧ أيام:_____Pass ( ) Fail ( )

Revision (Juz) / المراجعة: جزء :_____Pass ( ) Fail ( )

Teacher Use: Date:_____ **Day:**_____ **Teacher:**_____ **Signature:**_____

New Hifz / Sabak / الجديد :_____Pass ( ) Fail ( )

Old Hifz for 7 Days / 7 Sabak / القديم ل ٧ أيام:_____Pass ( ) Fail ( )

Revision (Juz) / المراجعة: جزء :_____Pass ( ) Fail ( )

Teacher Use: Date:_____ **Day:**_____ **Teacher:**_____ **Signature:**_____

New Hifz / Sabak / الجديد :_____Pass ( ) Fail ( )

Old Hifz for 7 Days / 7 Sabak / القديم ل ٧ أيام:_____Pass ( ) Fail ( )

Revision (Juz) / المراجعة: جزء :_____Pass ( ) Fail ( )

Teacher Use: Date:_____ **Day:**_____ **Teacher:**_____ **Signature:**_____

New Hifz / Sabak / الجديد :_____Pass ( ) Fail ( )

Old Hifz for 7 Days / 7 Sabak / القديم ل ٧ أيام:_____Pass ( ) Fail ( )

Revision (Juz) / المراجعة: جزء :_____Pass ( ) Fail ( )

Private Education - Dār SEMA (Seminary & Project)
Home of Science, English, Maths & Arabic

*** PRIVATE EDUCATION ***

Teacher Use: Date:_____ **Day:**_____ **Teacher:**_____ **Signature:**_____

New Hifz / Sabak / الجديد:_____ Pass ( ) Fail ( )

Old Hifz for 7 Days / 7 Sabak / القديم ل٧ أيام:_____ Pass ( ) Fail ( )

Revision (Juz) / المراجعة: جزء:_____ Pass ( ) Fail ( )

Teacher Use: Date:_____ **Day:**_____ **Teacher:**_____ **Signature:**_____

New Hifz / Sabak / الجديد:_____ Pass ( ) Fail ( )

Old Hifz for 7 Days / 7 Sabak / القديم ل٧ أيام:_____ Pass ( ) Fail ( )

Revision (Juz) / المراجعة: جزء:_____ Pass ( ) Fail ( )

Teacher Use: Date:_____ **Day:**_____ **Teacher:**_____ **Signature:**_____

New Hifz / Sabak / الجديد:_____ Pass ( ) Fail ( )

Old Hifz for 7 Days / 7 Sabak / القديم ل٧ أيام:_____ Pass ( ) Fail ( )

Revision (Juz) / المراجعة: جزء:_____ Pass ( ) Fail ( )

Teacher Use: Date:_____ **Day:**_____ **Teacher:**_____ **Signature:**_____

New Hifz / Sabak / الجديد:_____ Pass ( ) Fail ( )

Old Hifz for 7 Days / 7 Sabak / القديم ل٧ أيام:_____ Pass ( ) Fail ( )

Revision (Juz) / المراجعة: جزء:_____ Pass ( ) Fail ( )

Teacher Use: Date:_____ **Day:**_____ **Teacher:**_____ **Signature:**_____

New Hifz / Sabak / الجديد:_____ Pass ( ) Fail ( )

Old Hifz for 7 Days / 7 Sabak / القديم ل٧ أيام:_____ Pass ( ) Fail ( )

Revision (Juz) / المراجعة: جزء:_____ Pass ( ) Fail ( )

Teacher Use: Date:_____ **Day:**_____ **Teacher:**_____ **Signature:**_____

New Hifz / Sabak / الجديد:_____ Pass ( ) Fail ( )

Old Hifz for 7 Days / 7 Sabak / القديم ل٧ أيام:_____ Pass ( ) Fail ( )

Revision (Juz) / المراجعة: جزء:_____ Pass ( ) Fail ( )

Private Education - Dār SEMA (Seminary & Project)
Home of Science, English, Maths & Arabic

*** PRIVATE EDUCATION ***

Teacher Use: Date:_____ Day:_____ Teacher:_____ Signature:_____

New Hifz / Sabak / الجديد:_____Pass ( ) Fail ( )

Old Hifz for 7 Days / 7 Sabak / القديم ل٧ أيام:_____Pass ( ) Fail ( )

Revision (Juz) / المراجعة: جزء:_____Pass ( ) Fail ( )

Teacher Use: Date:_____ Day:_____ Teacher:_____ Signature:_____

New Hifz / Sabak / الجديد:_____Pass ( ) Fail ( )

Old Hifz for 7 Days / 7 Sabak / القديم ل٧ أيام:_____Pass ( ) Fail ( )

Revision (Juz) / المراجعة: جزء:_____Pass ( ) Fail ( )

Teacher Use: Date:_____ Day:_____ Teacher:_____ Signature:_____

New Hifz / Sabak / الجديد:_____Pass ( ) Fail ( )

Old Hifz for 7 Days / 7 Sabak / القديم ل٧ أيام:_____Pass ( ) Fail ( )

Revision (Juz) / المراجعة: جزء:_____Pass ( ) Fail ( )

Teacher Use: Date:_____ Day:_____ Teacher:_____ Signature:_____

New Hifz / Sabak / الجديد:_____Pass ( ) Fail ( )

Old Hifz for 7 Days / 7 Sabak / القديم ل٧ أيام:_____Pass ( ) Fail ( )

Revision (Juz) / المراجعة: جزء:_____Pass ( ) Fail ( )

Teacher Use: Date:_____ Day:_____ Teacher:_____ Signature:_____

New Hifz / Sabak / الجديد:_____Pass ( ) Fail ( )

Old Hifz for 7 Days / 7 Sabak / القديم ل٧ أيام:_____Pass ( ) Fail ( )

Revision (Juz) / المراجعة: جزء:_____Pass ( ) Fail ( )

Teacher Use: Date:_____ Day:_____ Teacher:_____ Signature:_____

New Hifz / Sabak / الجديد:_____Pass ( ) Fail ( )

Old Hifz for 7 Days / 7 Sabak / القديم ل٧ أيام:_____Pass ( ) Fail ( )

Revision (Juz) / المراجعة: جزء:_____Pass ( ) Fail ( )

Private Education - Dār SEMA (Seminary & Project)
Home of Science, English, Maths & Arabic

*** PRIVATE EDUCATION ***

Teacher Use: Date:_____ **Day:**_____ **Teacher:**_____ **Signature:**_____

New Hifz / Sabak / الجديد:_____Pass ( ) Fail ( )

Old Hifz for 7 Days / 7 Sabak / القديم لـ ٧ أيام:_____Pass ( ) Fail ( )

Revision (Juz) / المراجعة: جزء:_____Pass ( ) Fail ( )

Teacher Use: Date:_____ **Day:**_____ **Teacher:**_____ **Signature:**_____

New Hifz / Sabak / الجديد:_____Pass ( ) Fail ( )

Old Hifz for 7 Days / 7 Sabak / القديم لـ ٧ أيام:_____Pass ( ) Fail ( )

Revision (Juz) / المراجعة: جزء:_____Pass ( ) Fail ( )

Teacher Use: Date:_____ **Day:**_____ **Teacher:**_____ **Signature:**_____

New Hifz / Sabak / الجديد:_____Pass ( ) Fail ( )

Old Hifz for 7 Days / 7 Sabak / القديم لـ ٧ أيام:_____Pass ( ) Fail ( )

Revision (Juz) / المراجعة: جزء:_____Pass ( ) Fail ( )

Teacher Use: Date:_____ **Day:**_____ **Teacher:**_____ **Signature:**_____

New Hifz / Sabak / الجديد:_____Pass ( ) Fail ( )

Old Hifz for 7 Days / 7 Sabak / القديم لـ ٧ أيام:_____Pass ( ) Fail ( )

Revision (Juz) / المراجعة: جزء:_____Pass ( ) Fail ( )

Teacher Use: Date:_____ **Day:**_____ **Teacher:**_____ **Signature:**_____

New Hifz / Sabak / الجديد:_____Pass ( ) Fail ( )

Old Hifz for 7 Days / 7 Sabak / القديم لـ ٧ أيام:_____Pass ( ) Fail ( )

Revision (Juz) / المراجعة: جزء:_____Pass ( ) Fail ( )

Teacher Use: Date:_____ **Day:**_____ **Teacher:**_____ **Signature:**_____

New Hifz / Sabak / الجديد:_____Pass ( ) Fail ( )

Old Hifz for 7 Days / 7 Sabak / القديم لـ ٧ أيام:_____Pass ( ) Fail ( )

Revision (Juz) / المراجعة: جزء:_____Pass ( ) Fail ( )

Private Education - Dār SEMA (Seminary & Project)
Home of Science, English, Maths & Arabic

*** PRIVATE EDUCATION ***

Teacher Use: Date:_____ **Day:**_____ **Teacher:**_____ **Signature:**_____

New Hifz / Sabak / الجديد: _____ Pass ( ) Fail ( )

Old Hifz for 7 Days / 7 Sabak / القديم ل ٧ أيام:_____ Pass ( ) Fail ( )

Revision (Juz) / المراجعة: جزء:_____ Pass ( ) Fail ( )

Teacher Use: Date:_____ **Day:**_____ **Teacher:**_____ **Signature:**_____

New Hifz / Sabak / الجديد: _____ Pass ( ) Fail ( )

Old Hifz for 7 Days / 7 Sabak / القديم ل ٧ أيام:_____ Pass ( ) Fail ( )

Revision (Juz) / المراجعة: جزء:_____ Pass ( ) Fail ( )

Teacher Use: Date:_____ **Day:**_____ **Teacher:**_____ **Signature:**_____

New Hifz / Sabak / الجديد: _____ Pass ( ) Fail ( )

Old Hifz for 7 Days / 7 Sabak / القديم ل ٧ أيام:_____ Pass ( ) Fail ( )

Revision (Juz) / المراجعة: جزء:_____ Pass ( ) Fail ( )

Teacher Use: Date:_____ **Day:**_____ **Teacher:**_____ **Signature:**_____

New Hifz / Sabak / الجديد: _____ Pass ( ) Fail ( )

Old Hifz for 7 Days / 7 Sabak / القديم ل ٧ أيام:_____ Pass ( ) Fail ( )

Revision (Juz) / المراجعة: جزء:_____ Pass ( ) Fail ( )

Teacher Use: Date:_____ **Day:**_____ **Teacher:**_____ **Signature:**_____

New Hifz / Sabak / الجديد: _____ Pass ( ) Fail ( )

Old Hifz for 7 Days / 7 Sabak / القديم ل ٧ أيام:_____ Pass ( ) Fail ( )

Revision (Juz) / المراجعة: جزء:_____ Pass ( ) Fail ( )

Teacher Use: Date:_____ **Day:**_____ **Teacher:**_____ **Signature:**_____

New Hifz / Sabak / الجديد: _____ Pass ( ) Fail ( )

Old Hifz for 7 Days / 7 Sabak / القديم ل ٧ أيام:_____ Pass ( ) Fail ( )

Revision (Juz) / المراجعة: جزء:_____ Pass ( ) Fail ( )

Private Education - Dār SEMA (Seminary & Project)
Home of Science, English, Maths & Arabic

*** PRIVATE EDUCATION ***

Teacher Use: Date:_____ **Day:**_____ **Teacher:**_____ **Signature:**_____

New Hifz / Sabak / الجديد:_____Pass ( ) Fail ( )

Old Hifz for 7 Days / 7 Sabak / القديم ل٧ أيام:_____Pass ( ) Fail ( )

Revision (Juz) / جزء : المراجعة:_____Pass ( ) Fail ( )

Teacher Use: Date:_____ **Day:**_____ **Teacher:**_____ **Signature:**_____

New Hifz / Sabak / الجديد:_____Pass ( ) Fail ( )

Old Hifz for 7 Days / 7 Sabak / القديم ل٧ أيام:_____Pass ( ) Fail ( )

Revision (Juz) / جزء : المراجعة:_____Pass ( ) Fail ( )

Teacher Use: Date:_____ **Day:**_____ **Teacher:**_____ **Signature:**_____

New Hifz / Sabak / الجديد:_____Pass ( ) Fail ( )

Old Hifz for 7 Days / 7 Sabak / القديم ل٧ أيام:_____Pass ( ) Fail ( )

Revision (Juz) / جزء : المراجعة:_____Pass ( ) Fail ( )

Teacher Use: Date:_____ **Day:**_____ **Teacher:**_____ **Signature:**_____

New Hifz / Sabak / الجديد:_____Pass ( ) Fail ( )

Old Hifz for 7 Days / 7 Sabak / القديم ل٧ أيام:_____Pass ( ) Fail ( )

Revision (Juz) / جزء : المراجعة:_____Pass ( ) Fail ( )

Teacher Use: Date:_____ **Day:**_____ **Teacher:**_____ **Signature:**_____

New Hifz / Sabak / الجديد:_____Pass ( ) Fail ( )

Old Hifz for 7 Days / 7 Sabak / القديم ل٧ أيام:_____Pass ( ) Fail ( )

Revision (Juz) / جزء : المراجعة:_____Pass ( ) Fail ( )

Teacher Use: Date:_____ **Day:**_____ **Teacher:**_____ **Signature:**_____

New Hifz / Sabak / الجديد:_____Pass ( ) Fail ( )

Old Hifz for 7 Days / 7 Sabak / القديم ل٧ أيام:_____Pass ( ) Fail ( )

Revision (Juz) / جزء : المراجعة:_____Pass ( ) Fail ( )

Private Education - Dār SEMA (Seminary & Project)
Home of Science, English, Maths & Arabic

*** PRIVATE EDUCATION ***

Teacher Use: Date:_____ **Day:**_____ **Teacher:**_____ **Signature:**_____

New Hifz / Sabak / الجديد:_____Pass ( ) Fail ( )

Old Hifz for 7 Days / 7 Sabak / القديم ل ٧ أيام:_____Pass ( ) Fail ( )

Revision (Juz) / المراجعة: جزء:_____Pass ( ) Fail ( )

Teacher Use: Date:_____ **Day:**_____ **Teacher:**_____ **Signature:**_____

New Hifz / Sabak / الجديد:_____Pass ( ) Fail ( )

Old Hifz for 7 Days / 7 Sabak / القديم ل ٧ أيام:_____Pass ( ) Fail ( )

Revision (Juz) / المراجعة: جزء:_____Pass ( ) Fail ( )

Teacher Use: Date:_____ **Day:**_____ **Teacher:**_____ **Signature:**_____

New Hifz / Sabak / الجديد:_____Pass ( ) Fail ( )

Old Hifz for 7 Days / 7 Sabak / القديم ل ٧ أيام:_____Pass ( ) Fail ( )

Revision (Juz) / المراجعة: جزء:_____Pass ( ) Fail ( )

Teacher Use: Date:_____ **Day:**_____ **Teacher:**_____ **Signature:**_____

New Hifz / Sabak / الجديد:_____Pass ( ) Fail ( )

Old Hifz for 7 Days / 7 Sabak / القديم ل ٧ أيام:_____Pass ( ) Fail ( )

Revision (Juz) / المراجعة: جزء:_____Pass ( ) Fail ( )

Teacher Use: Date:_____ **Day:**_____ **Teacher:**_____ **Signature:**_____

New Hifz / Sabak / الجديد:_____Pass ( ) Fail ( )

Old Hifz for 7 Days / 7 Sabak / القديم ل ٧ أيام:_____Pass ( ) Fail ( )

Revision (Juz) / المراجعة: جزء:_____Pass ( ) Fail ( )

Teacher Use: Date:_____ **Day:**_____ **Teacher:**_____ **Signature:**_____

New Hifz / Sabak / الجديد:_____Pass ( ) Fail ( )

Old Hifz for 7 Days / 7 Sabak / القديم ل ٧ أيام:_____Pass ( ) Fail ( )

Revision (Juz) / المراجعة: جزء:_____Pass ( ) Fail ( )

Private Education - Dār SEMA (Seminary & Project)
Home of Science, English, Maths & Arabic

*** PRIVATE EDUCATION ***

Teacher Use: Date:_____ **Day:**_____ **Teacher:**_____ **Signature:**_____

New Hifz / Sabak / الجديد:_____ Pass ( ) Fail ( )

Old Hifz for 7 Days / 7 Sabak / القديم ل٧ أيام:_____ Pass ( ) Fail ( )

Revision (Juz) / المراجعة: جزء:_____ Pass ( ) Fail ( )

Teacher Use: Date:_____ **Day:**_____ **Teacher:**_____ **Signature:**_____

New Hifz / Sabak / الجديد:_____ Pass ( ) Fail ( )

Old Hifz for 7 Days / 7 Sabak / القديم ل٧ أيام:_____ Pass ( ) Fail ( )

Revision (Juz) / المراجعة: جزء:_____ Pass ( ) Fail ( )

Teacher Use: Date:_____ **Day:**_____ **Teacher:**_____ **Signature:**_____

New Hifz / Sabak / الجديد:_____ Pass ( ) Fail ( )

Old Hifz for 7 Days / 7 Sabak / القديم ل٧ أيام:_____ Pass ( ) Fail ( )

Revision (Juz) / المراجعة: جزء:_____ Pass ( ) Fail ( )

Teacher Use: Date:_____ **Day:**_____ **Teacher:**_____ **Signature:**_____

New Hifz / Sabak / الجديد:_____ Pass ( ) Fail ( )

Old Hifz for 7 Days / 7 Sabak / القديم ل٧ أيام:_____ Pass ( ) Fail ( )

Revision (Juz) / المراجعة: جزء:_____ Pass ( ) Fail ( )

Teacher Use: Date:_____ **Day:**_____ **Teacher:**_____ **Signature:**_____

New Hifz / Sabak / الجديد:_____ Pass ( ) Fail ( )

Old Hifz for 7 Days / 7 Sabak / القديم ل٧ أيام:_____ Pass ( ) Fail ( )

Revision (Juz) / المراجعة: جزء:_____ Pass ( ) Fail ( )

Teacher Use: Date:_____ **Day:**_____ **Teacher:**_____ **Signature:**_____

New Hifz / Sabak / الجديد:_____ Pass ( ) Fail ( )

Old Hifz for 7 Days / 7 Sabak / القديم ل٧ أيام:_____ Pass ( ) Fail ( )

Revision (Juz) / المراجعة: جزء:_____ Pass ( ) Fail ( )

Private Education - Dār SEMA (Seminary & Project)
Home of Science, English, Maths & Arabic

*** PRIVATE EDUCATION ***

Teacher Use: Date:_____ **Day:**_____ **Teacher:**_____ **Signature:**_____

New Hifz / Sabak / الجديد: _____ Pass ( ) Fail ( )

Old Hifz for 7 Days / 7 Sabak / القديم ل ٧ أيام: _____ Pass ( ) Fail ( )

Revision (Juz) / المراجعة: جزء: _____ Pass ( ) Fail ( )

Teacher Use: Date:_____ **Day:**_____ **Teacher:**_____ **Signature:**_____

New Hifz / Sabak / الجديد: _____ Pass ( ) Fail ( )

Old Hifz for 7 Days / 7 Sabak / القديم ل ٧ أيام: _____ Pass ( ) Fail ( )

Revision (Juz) / المراجعة: جزء: _____ Pass ( ) Fail ( )

Teacher Use: Date:_____ **Day:**_____ **Teacher:**_____ **Signature:**_____

New Hifz / Sabak / الجديد: _____ Pass ( ) Fail ( )

Old Hifz for 7 Days / 7 Sabak / القديم ل ٧ أيام: _____ Pass ( ) Fail ( )

Revision (Juz) / المراجعة: جزء: _____ Pass ( ) Fail ( )

Teacher Use: Date:_____ **Day:**_____ **Teacher:**_____ **Signature:**_____

New Hifz / Sabak / الجديد: _____ Pass ( ) Fail ( )

Old Hifz for 7 Days / 7 Sabak / القديم ل ٧ أيام: _____ Pass ( ) Fail ( )

Revision (Juz) / المراجعة: جزء: _____ Pass ( ) Fail ( )

Teacher Use: Date:_____ **Day:**_____ **Teacher:**_____ **Signature:**_____

New Hifz / Sabak / الجديد: _____ Pass ( ) Fail ( )

Old Hifz for 7 Days / 7 Sabak / القديم ل ٧ أيام: _____ Pass ( ) Fail ( )

Revision (Juz) / المراجعة: جزء: _____ Pass ( ) Fail ( )

Teacher Use: Date:_____ **Day:**_____ **Teacher:**_____ **Signature:**_____

New Hifz / Sabak / الجديد: _____ Pass ( ) Fail ( )

Old Hifz for 7 Days / 7 Sabak / القديم ل ٧ أيام: _____ Pass ( ) Fail ( )

Revision (Juz) / المراجعة: جزء: _____ Pass ( ) Fail ( )

Private Education - Dār SEMA (Seminary & Project)
Home of Science, English, Maths & Arabic

*** PRIVATE EDUCATION ***

Teacher Use: Date:_____ **Day:**_____ **Teacher:**_____ **Signature:**_____

New Hifz / Sabak / الجديد:_____ Pass ( ) Fail ( )

Old Hifz for 7 Days / 7 Sabak / القديم ل٧ أيام:_____ Pass ( ) Fail ( )

Revision (Juz) / المراجعة: جزء:_____ Pass ( ) Fail ( )

Teacher Use: Date:_____ **Day:**_____ **Teacher:**_____ **Signature:**_____

New Hifz / Sabak / الجديد:_____ Pass ( ) Fail ( )

Old Hifz for 7 Days / 7 Sabak / القديم ل٧ أيام:_____ Pass ( ) Fail ( )

Revision (Juz) / المراجعة: جزء:_____ Pass ( ) Fail ( )

Teacher Use: Date:_____ **Day:**_____ **Teacher:**_____ **Signature:**_____

New Hifz / Sabak / الجديد:_____ Pass ( ) Fail ( )

Old Hifz for 7 Days / 7 Sabak / القديم ل٧ أيام:_____ Pass ( ) Fail ( )

Revision (Juz) / المراجعة: جزء:_____ Pass ( ) Fail ( )

Teacher Use: Date:_____ **Day:**_____ **Teacher:**_____ **Signature:**_____

New Hifz / Sabak / الجديد:_____ Pass ( ) Fail ( )

Old Hifz for 7 Days / 7 Sabak / القديم ل٧ أيام:_____ Pass ( ) Fail ( )

Revision (Juz) / المراجعة: جزء:_____ Pass ( ) Fail ( )

Teacher Use: Date:_____ **Day:**_____ **Teacher:**_____ **Signature:**_____

New Hifz / Sabak / الجديد:_____ Pass ( ) Fail ( )

Old Hifz for 7 Days / 7 Sabak / القديم ل٧ أيام:_____ Pass ( ) Fail ( )

Revision (Juz) / المراجعة: جزء:_____ Pass ( ) Fail ( )

Teacher Use: Date:_____ **Day:**_____ **Teacher:**_____ **Signature:**_____

New Hifz / Sabak / الجديد:_____ Pass ( ) Fail ( )

Old Hifz for 7 Days / 7 Sabak / القديم ل٧ أيام:_____ Pass ( ) Fail ( )

Revision (Juz) / المراجعة: جزء:_____ Pass ( ) Fail ( )

Private Education - Dār SEMA (Seminary & Project)
Home of Science, English, Maths & Arabic

*** PRIVATE EDUCATION ***

Student's Personal Tracker for Home Use. Get your parent's signature and show your Shaykh each week).

For the student to track his daily progress at home.

What you have memorised & Date	What you have memorised & Date	What you have memorised & Date	What you have memorised & Date	What you have memorised & Date	What you have memorised & Date	What you have memorised & Date	Parent's, Shaykh's Signature & Date.
							P._____ _T._____

What you have revised & Date	What you have revised & Date	What you have revised & Date	What you have revised & Date	What you have revised & Date	What you have revised & Date	What you have revised & Date	Parent's, Shaykh's Signature & Date.
							P._____ _T._____

What you have memorised & Date	What you have memorised & Date	What you have memorised & Date	What you have memorised & Date	What you have memorised & Date	What you have memorised & Date	What you have memorised & Date	Parent's, Shaykh's Signature & Date.
							P._____ _T._____

What you have revised & Date	What you have revised & Date	What you have revised & Date	What you have revised & Date	What you have revised & Date	What you have revised & Date	What you have revised & Date	Parent's, Shaykh's Signature & Date.
							P._____ _T._____

Private Education - Dār SEMA (Seminary & Project)

Home of Science, English, Maths & Arabic

*** PRIVATE EDUCATION ***

Student's Personal Tracker for Home Use. Get your parent's signature and show your Shaykh each week).

For the student to track his daily progress at home.

What you have memorised & Date	What you have memorised & Date	What you have memorised & Date	What you have memorised & Date	What you have memorised & Date	What you have memorised & Date	What you have memorised & Date	Parent's, Shaykh's Signature & Date.
							P._____ _T._____

What you have revised & Date	What you have revised & Date	What you have revised & Date	What you have revised & Date	What you have revised & Date	What you have revised & Date	What you have revised & Date	Parent's, Shaykh's Signature & Date.
							P._____ _T._____

What you have memorised & Date	What you have memorised & Date	What you have memorised & Date	What you have memorised & Date	What you have memorised & Date	What you have memorised & Date	What you have memorised & Date	Parent's, Shaykh's Signature & Date.
							P._____ _T._____

What you have revised & Date	What you have revised & Date	What you have revised & Date	What you have revised & Date	What you have revised & Date	What you have revised & Date	What you have revised & Date	Parent's, Shaykh's Signature & Date.
							P._____ _T._____

Private Education - Dār SEMA (Seminary & Project)
Home of Science, English, Maths & Arabic

*** PRIVATE EDUCATION ***

Student's Personal Tracker for Home Use. Get your parent's signature and show your Shaykh each week).

For the student to track his daily progress at home.

What you have memorised & Date	What you have memorised & Date	What you have memorised & Date	What you have memorised & Date	What you have memorised & Date	What you have memorised & Date	What you have memorised & Date	Parent's, Shaykh's Signature & Date.
							P.____ _T.____

What you have revised & Date	What you have revised & Date	What you have revised & Date	What you have revised & Date	What you have revised & Date	What you have revised & Date	What you have revised & Date	Parent's, Shaykh's Signature & Date.
							P.____ _T.____

What you have memorised & Date	What you have memorised & Date	What you have memorised & Date	What you have memorised & Date	What you have memorised & Date	What you have memorised & Date	What you have memorised & Date	Parent's, Shaykh's Signature & Date.
							P.____ _T.____

What you have revised & Date	What you have revised & Date	What you have revised & Date	What you have revised & Date	What you have revised & Date	What you have revised & Date	What you have revised & Date	Parent's, Shaykh's Signature & Date.
							P.____ _T.____

Private Education - Dār SEMA (Seminary & Project)
Home of Science, English, Maths & Arabic

*** PRIVATE EDUCATION ***

Student's Personal Tracker for Home Use. Get your parent's signature and show your Shaykh each week).

For the student to track his daily progress at home.

What you have memorised & Date	What you have memorised & Date	What you have memorised & Date	What you have memorised & Date	What you have memorised & Date	What you have memorised & Date	What you have memorised & Date	Parent's, Shaykh's Signature & Date.
							P._____ _T._____ —

What you have revised & Date	What you have revised & Date	What you have revised & Date	What you have revised & Date	What you have revised & Date	What you have revised & Date	What you have revised & Date	Parent's, Shaykh's Signature & Date.
							P._____ _T._____ —

What you have memorised & Date	What you have memorised & Date	What you have memorised & Date	What you have memorised & Date	What you have memorised & Date	What you have memorised & Date	What you have memorised & Date	Parent's, Shaykh's Signature & Date.
							P._____ _T._____ —

What you have revised & Date	What you have revised & Date	What you have revised & Date	What you have revised & Date	What you have revised & Date	What you have revised & Date	What you have revised & Date	Parent's, Shaykh's Signature & Date.
							P._____ _T._____ —

Private Education - Dār SEMA (Seminary & Project)
Home of Science, English, Maths & Arabic

*** PRIVATE EDUCATION ***

Student's Personal Tracker for Home Use. Get your parent's signature and show your Shaykh each week).

For the student to track his daily progress at home.

What you have memorised & Date	What you have memorised & Date	What you have memorised & Date	What you have memorised & Date	What you have memorised & Date	What you have memorised & Date	What you have memorised & Date	Parent's, Shaykh's Signature & Date.
							P._____ _T._____

What you have revised & Date	What you have revised & Date	What you have revised & Date	What you have revised & Date	What you have revised & Date	What you have revised & Date	What you have revised & Date	Parent's, Shaykh's Signature & Date.
							P._____ _T._____

What you have memorised & Date	What you have memorised & Date	What you have memorised & Date	What you have memorised & Date	What you have memorised & Date	What you have memorised & Date	What you have memorised & Date	Parent's, Shaykh's Signature & Date.
							P._____ _T._____

What you have revised & Date	What you have revised & Date	What you have revised & Date	What you have revised & Date	What you have revised & Date	What you have revised & Date	What you have revised & Date	Parent's, Shaykh's Signature & Date.
							P._____ _T._____

Private Education - Dār SEMA (Seminary & Project)
Home of Science, English, Maths & Arabic

*** PRIVATE EDUCATION ***

Student's Personal Tracker for Home Use. Get your parent's signature and show your Shaykh each week).

For the student to track his daily progress at home.

What you have memorised & Date	What you have memorised & Date	What you have memorised & Date	What you have memorised & Date	What you have memorised & Date	What you have memorised & Date	What you have memorised & Date	Parent's, Shaykh's Signature & Date.
							P._____ _T._____

What you have revised & Date	What you have revised & Date	What you have revised & Date	What you have revised & Date	What you have revised & Date	What you have revised & Date	What you have revised & Date	Parent's, Shaykh's Signature & Date.
							P._____ _T._____

What you have memorised & Date	What you have memorised & Date	What you have memorised & Date	What you have memorised & Date	What you have memorised & Date	What you have memorised & Date	What you have memorised & Date	Parent's, Shaykh's Signature & Date.
							P._____ _T._____

What you have revised & Date	What you have revised & Date	What you have revised & Date	What you have revised & Date	What you have revised & Date	What you have revised & Date	What you have revised & Date	Parent's, Shaykh's Signature & Date.
							P._____ _T._____

Private Education - Dār SEMA (Seminary & Project)
Home of Science, English, Maths & Arabic

*** PRIVATE EDUCATION ***

Student's Personal Tracker for Home Use. Get your parent's signature and show your Shaykh each week).

For the student to track his daily progress at home.

What you have memorised & Date	What you have memorised & Date	What you have memorised & Date	What you have memorised & Date	What you have memorised & Date	What you have memorised & Date	What you have memorised & Date	Parent's, Shaykh's Signature & Date.
							P._____ _T._____

What you have revised & Date	What you have revised & Date	What you have revised & Date	What you have revised & Date	What you have revised & Date	What you have revised & Date	What you have revised & Date	Parent's, Shaykh's Signature & Date.
							P._____ _T._____

What you have memorised & Date	What you have memorised & Date	What you have memorised & Date	What you have memorised & Date	What you have memorised & Date	What you have memorised & Date	What you have memorised & Date	Parent's, Shaykh's Signature & Date.
							P._____ _T._____

What you have revised & Date	What you have revised & Date	What you have revised & Date	What you have revised & Date	What you have revised & Date	What you have revised & Date	What you have revised & Date	Parent's, Shaykh's Signature & Date.
							P._____ _T._____

Private Education - Dār SEMA (Seminary & Project)

Home of Science, English, Maths & Arabic

*** PRIVATE EDUCATION ***

Student's Personal Tracker for Home Use. Get your parent's signature and show your Shaykh each week).

For the student to track his daily progress at home.

What you have memorised & Date	What you have memorised & Date	What you have memorised & Date	What you have memorised & Date	What you have memorised & Date	What you have memorised & Date	What you have memorised & Date	Parent's, Shaykh's Signature & Date.
							P._____ _T._____

What you have revised & Date	What you have revised & Date	What you have revised & Date	What you have revised & Date	What you have revised & Date	What you have revised & Date	What you have revised & Date	Parent's, Shaykh's Signature & Date.
							P._____ _T._____

What you have memorised & Date	What you have memorised & Date	What you have memorised & Date	What you have memorised & Date	What you have memorised & Date	What you have memorised & Date	What you have memorised & Date	Parent's, Shaykh's Signature & Date.
							P._____ _T._____

What you have revised & Date	What you have revised & Date	What you have revised & Date	What you have revised & Date	What you have revised & Date	What you have revised & Date	What you have revised & Date	Parent's, Shaykh's Signature & Date.
							P._____ _T._____

Private Education - Dār SEMA (Seminary & Project)
Home of Science, English, Maths & Arabic

*** PRIVATE EDUCATION ***

Student's Personal Tracker for Home Use. Get your parent's signature and show your Shaykh each week).

For the student to track his daily progress at home.

What you have memorised & Date	What you have memorised & Date	What you have memorised & Date	What you have memorised & Date	What you have memorised & Date	What you have memorised & Date	What you have memorised & Date	Parent's, Shaykh's Signature & Date.
							P._____ _T._____

What you have revised & Date	What you have revised & Date	What you have revised & Date	What you have revised & Date	What you have revised & Date	What you have revised & Date	What you have revised & Date	Parent's, Shaykh's Signature & Date.
							P._____ _T._____

What you have memorised & Date	What you have memorised & Date	What you have memorised & Date	What you have memorised & Date	What you have memorised & Date	What you have memorised & Date	What you have memorised & Date	Parent's, Shaykh's Signature & Date.
							P._____ _T._____

What you have revised & Date	What you have revised & Date	What you have revised & Date	What you have revised & Date	What you have revised & Date	What you have revised & Date	What you have revised & Date	Parent's, Shaykh's Signature & Date.
							P._____ _T._____

Private Education - Dār SEMA (Seminary & Project)

Home of Science, English, Maths & Arabic

*** PRIVATE EDUCATION ***

Student's Personal Tracker for Home Use. Get your parent's signature and show your Shaykh each week).

For the student to track his daily progress at home.

What you have memorised & Date	What you have memorised & Date	What you have memorised & Date	What you have memorised & Date	What you have memorised & Date	What you have memorised & Date	What you have memorised & Date	Parent's, Shaykh's Signature & Date.
							P._____ _T._____

What you have revised & Date	What you have revised & Date	What you have revised & Date	What you have revised & Date	What you have revised & Date	What you have revised & Date	What you have revised & Date	Parent's, Shaykh's Signature & Date.
							P._____ _T._____

What you have memorised & Date	What you have memorised & Date	What you have memorised & Date	What you have memorised & Date	What you have memorised & Date	What you have memorised & Date	What you have memorised & Date	Parent's, Shaykh's Signature & Date.
							P._____ _T._____

What you have revised & Date	What you have revised & Date	What you have revised & Date	What you have revised & Date	What you have revised & Date	What you have revised & Date	What you have revised & Date	Parent's, Shaykh's Signature & Date.
							P._____ _T._____

Private Education - Dār SEMA (Seminary & Project)
Home of Science, English, Maths & Arabic

*** PRIVATE EDUCATION ***

Student's Personal Tracker for Home Use. Get your parent's signature and show your Shaykh each week).

For the student to track his daily progress at home.

What you have memorised & Date	What you have memorised & Date	What you have memorised & Date	What you have memorised & Date	What you have memorised & Date	What you have memorised & Date	What you have memorised & Date	Parent's, Shaykh's Signature & Date.
							P.____ _T.____

What you have revised & Date	What you have revised & Date	What you have revised & Date	What you have revised & Date	What you have revised & Date	What you have revised & Date	What you have revised & Date	Parent's, Shaykh's Signature & Date.
							P.____ _T.____

What you have memorised & Date	What you have memorised & Date	What you have memorised & Date	What you have memorised & Date	What you have memorised & Date	What you have memorised & Date	What you have memorised & Date	Parent's, Shaykh's Signature & Date.
							P.____ _T.____

What you have revised & Date	What you have revised & Date	What you have revised & Date	What you have revised & Date	What you have revised & Date	What you have revised & Date	What you have revised & Date	Parent's, Shaykh's Signature & Date.
							P.____ _T.____

Private Education - Dār SEMA (Seminary & Project)

Home of Science, English, Maths & Arabic

*** PRIVATE EDUCATION ***

Student's Personal Tracker for Home Use. Get your parent's signature and show your Shaykh each week).

For the student to track his daily progress at home.

What you have memorised & Date	What you have memorised & Date	What you have memorised & Date	What you have memorised & Date	What you have memorised & Date	What you have memorised & Date	What you have memorised & Date	Parent's, Shaykh's Signature & Date.
							P._____ _T._____ —

What you have revised & Date	What you have revised & Date	What you have revised & Date	What you have revised & Date	What you have revised & Date	What you have revised & Date	What you have revised & Date	Parent's, Shaykh's Signature & Date.
							P._____ _T._____ —

What you have memorised & Date	What you have memorised & Date	What you have memorised & Date	What you have memorised & Date	What you have memorised & Date	What you have memorised & Date	What you have memorised & Date	Parent's, Shaykh's Signature & Date.
							P._____ _T._____ —

What you have revised & Date	What you have revised & Date	What you have revised & Date	What you have revised & Date	What you have revised & Date	What you have revised & Date	What you have revised & Date	Parent's, Shaykh's Signature & Date.
							P._____ _T._____ —

Private Education - Dār SEMA (Seminary & Project)
Home of Science, English, Maths & Arabic

*** PRIVATE EDUCATION ***

Student's Personal Tracker for Home Use. Get your parent's signature and show your Shaykh each week).

For the student to track his daily progress at home.

What you have memorised & Date	What you have memorised & Date	What you have memorised & Date	What you have memorised & Date	What you have memorised & Date	What you have memorised & Date	What you have memorised & Date	Parent's, Shaykh's Signature & Date.
							P._____ _T._____

What you have revised & Date	What you have revised & Date	What you have revised & Date	What you have revised & Date	What you have revised & Date	What you have revised & Date	What you have revised & Date	Parent's, Shaykh's Signature & Date.
							P._____ _T._____

What you have memorised & Date	What you have memorised & Date	What you have memorised & Date	What you have memorised & Date	What you have memorised & Date	What you have memorised & Date	What you have memorised & Date	Parent's, Shaykh's Signature & Date.
							P._____ _T._____

What you have revised & Date	What you have revised & Date	What you have revised & Date	What you have revised & Date	What you have revised & Date	What you have revised & Date	What you have revised & Date	Parent's, Shaykh's Signature & Date.
							P._____ _T._____

Private Education - Dār SEMA (Seminary & Project)
Home of Science, English, Maths & Arabic

*** PRIVATE EDUCATION ***

Student's Personal Tracker for Home Use. Get your parent's signature and show your Shaykh each week).

For the student to track his daily progress at home.

What you have memorised & Date	What you have memorised & Date	What you have memorised & Date	What you have memorised & Date	What you have memorised & Date	What you have memorised & Date	What you have memorised & Date	Parent's, Shaykh's Signature & Date.
							P._____ _T._____ _____ —

What you have revised & Date	What you have revised & Date	What you have revised & Date	What you have revised & Date	What you have revised & Date	What you have revised & Date	What you have revised & Date	Parent's, Shaykh's Signature & Date.
							P._____ _T._____ _____ —

What you have memorised & Date	What you have memorised & Date	What you have memorised & Date	What you have memorised & Date	What you have memorised & Date	What you have memorised & Date	What you have memorised & Date	Parent's, Shaykh's Signature & Date.
							P._____ _T._____ _____ —

What you have revised & Date	What you have revised & Date	What you have revised & Date	What you have revised & Date	What you have revised & Date	What you have revised & Date	What you have revised & Date	Parent's, Shaykh's Signature & Date.
							P._____ _T._____ _____ —

Private Education - Dār SEMA (Seminary & Project)
Home of Science, English, Maths & Arabic

*** PRIVATE EDUCATION ***

Student's Personal Tracker for Home Use. Get your parent's signature and show your Shaykh each week).

For the student to track his daily progress at home.

What you have memorised & Date	What you have memorised & Date	What you have memorised & Date	What you have memorised & Date	What you have memorised & Date	What you have memorised & Date	What you have memorised & Date	Parent's, Shaykh's Signature & Date.
							P._____ _T._____

What you have revised & Date	What you have revised & Date	What you have revised & Date	What you have revised & Date	What you have revised & Date	What you have revised & Date	What you have revised & Date	Parent's, Shaykh's Signature & Date.
							P._____ _T._____

What you have memorised & Date	What you have memorised & Date	What you have memorised & Date	What you have memorised & Date	What you have memorised & Date	What you have memorised & Date	What you have memorised & Date	Parent's, Shaykh's Signature & Date.
							P._____ _T._____

What you have revised & Date	What you have revised & Date	What you have revised & Date	What you have revised & Date	What you have revised & Date	What you have revised & Date	What you have revised & Date	Parent's, Shaykh's Signature & Date.
							P._____ _T._____

Private Education - Dār SEMA (Seminary & Project)

Home of Science, English, Maths & Arabic

*** PRIVATE EDUCATION ***

Student's Personal Tracker for Home Use. Get your parent's signature and show your Shaykh each week).

For the student to track his daily progress at home.

What you have memorised & Date	What you have memorised & Date	What you have memorised & Date	What you have memorised & Date	What you have memorised & Date	What you have memorised & Date	What you have memorised & Date	Parent's, Shaykh's Signature & Date.
							P._____ _T._____

What you have revised & Date	What you have revised & Date	What you have revised & Date	What you have revised & Date	What you have revised & Date	What you have revised & Date	What you have revised & Date	Parent's, Shaykh's Signature & Date.
							P._____ _T._____

What you have memorised & Date	What you have memorised & Date	What you have memorised & Date	What you have memorised & Date	What you have memorised & Date	What you have memorised & Date	What you have memorised & Date	Parent's, Shaykh's Signature & Date.
							P._____ _T._____

What you have revised & Date	What you have revised & Date	What you have revised & Date	What you have revised & Date	What you have revised & Date	What you have revised & Date	What you have revised & Date	Parent's, Shaykh's Signature & Date.
							P._____ _T._____

Private Education - Dār SEMA (Seminary & Project)
Home of Science, English, Maths & Arabic

*** PRIVATE EDUCATION ***

Student's Personal Tracker for Home Use. Get your parent's signature and show your Shaykh each week).

For the student to track his daily progress at home.

What you have memorised & Date	What you have memorised & Date	What you have memorised & Date	What you have memorised & Date	What you have memorised & Date	What you have memorised & Date	What you have memorised & Date	Parent's, Shaykh's Signature & Date.
							P._____ _T._____

What you have revised & Date	What you have revised & Date	What you have revised & Date	What you have revised & Date	What you have revised & Date	What you have revised & Date	What you have revised & Date	Parent's, Shaykh's Signature & Date.
							P._____ _T._____

What you have memorised & Date	What you have memorised & Date	What you have memorised & Date	What you have memorised & Date	What you have memorised & Date	What you have memorised & Date	What you have memorised & Date	Parent's, Shaykh's Signature & Date.
							P._____ _T._____

What you have revised & Date	What you have revised & Date	What you have revised & Date	What you have revised & Date	What you have revised & Date	What you have revised & Date	What you have revised & Date	Parent's, Shaykh's Signature & Date.
							P._____ _T._____

Private Education - Dār SEMA (Seminary & Project)

Home of Science, English, Maths & Arabic

*** PRIVATE EDUCATION ***

Student's Personal Tracker for Home Use. Get your parent's signature and show your Shaykh each week).

For the student to track his daily progress at home.

What you have memorised & Date	What you have memorised & Date	What you have memorised & Date	What you have memorised & Date	What you have memorised & Date	What you have memorised & Date	What you have memorised & Date	Parent's, Shaykh's Signature & Date.
							P._____ _T._____

What you have revised & Date	What you have revised & Date	What you have revised & Date	What you have revised & Date	What you have revised & Date	What you have revised & Date	What you have revised & Date	Parent's, Shaykh's Signature & Date.
							P._____ _T._____

What you have memorised & Date	What you have memorised & Date	What you have memorised & Date	What you have memorised & Date	What you have memorised & Date	What you have memorised & Date	What you have memorised & Date	Parent's, Shaykh's Signature & Date.
							P._____ _T._____

What you have revised & Date	What you have revised & Date	What you have revised & Date	What you have revised & Date	What you have revised & Date	What you have revised & Date	What you have revised & Date	Parent's, Shaykh's Signature & Date.
							P._____ _T._____

Private Education - Dār SEMA (Seminary & Project)
Home of Science, English, Maths & Arabic

*** PRIVATE EDUCATION ***

Student's Personal Tracker for Home Use. Get your parent's signature and show your Shaykh each week).

For the student to track his daily progress at home.

What you have memorised & Date	What you have memorised & Date	What you have memorised & Date	What you have memorised & Date	What you have memorised & Date	What you have memorised & Date	What you have memorised & Date	Parent's, Shaykh's Signature & Date.
							P._____ _T._____

What you have revised & Date	What you have revised & Date	What you have revised & Date	What you have revised & Date	What you have revised & Date	What you have revised & Date	What you have revised & Date	Parent's, Shaykh's Signature & Date.
							P._____ _T._____

What you have memorised & Date	What you have memorised & Date	What you have memorised & Date	What you have memorised & Date	What you have memorised & Date	What you have memorised & Date	What you have memorised & Date	Parent's, Shaykh's Signature & Date.
							P._____ _T._____

What you have revised & Date	What you have revised & Date	What you have revised & Date	What you have revised & Date	What you have revised & Date	What you have revised & Date	What you have revised & Date	Parent's, Shaykh's Signature & Date.
							P._____ _T._____

Private Education - Dār SEMA (Seminary & Project)
Home of Science, English, Maths & Arabic

*** PRIVATE EDUCATION ***

Student's Personal Tracker for Home Use. Get your parent's signature and show your Shaykh each week).

For the student to track his daily progress at home.

What you have memorised & Date	What you have memorised & Date	What you have memorised & Date	What you have memorised & Date	What you have memorised & Date	What you have memorised & Date	What you have memorised & Date	Parent's, Shaykh's Signature & Date.
							P._____ _T._____

What you have revised & Date	What you have revised & Date	What you have revised & Date	What you have revised & Date	What you have revised & Date	What you have revised & Date	What you have revised & Date	Parent's, Shaykh's Signature & Date.
							P._____ _T._____

What you have memorised & Date	What you have memorised & Date	What you have memorised & Date	What you have memorised & Date	What you have memorised & Date	What you have memorised & Date	What you have memorised & Date	Parent's, Shaykh's Signature & Date.
							P._____ _T._____

What you have revised & Date	What you have revised & Date	What you have revised & Date	What you have revised & Date	What you have revised & Date	What you have revised & Date	What you have revised & Date	Parent's, Shaykh's Signature & Date.
							P._____ _T._____

Private Education - Dār SEMA (Seminary & Project)
Home of Science, English, Maths & Arabic

*** PRIVATE EDUCATION ***

Student's Personal Tracker for Home Use. Get your parent's signature and show your Shaykh each week).

For the student to track his daily progress at home.

What you have memorised & Date	What you have memorised & Date	What you have memorised & Date	What you have memorised & Date	What you have memorised & Date	What you have memorised & Date	What you have memorised & Date	Parent's, Shaykh's Signature & Date.
							P._____ _T._____

What you have revised & Date	What you have revised & Date	What you have revised & Date	What you have revised & Date	What you have revised & Date	What you have revised & Date	What you have revised & Date	Parent's, Shaykh's Signature & Date.
							P._____ _T._____

What you have memorised & Date	What you have memorised & Date	What you have memorised & Date	What you have memorised & Date	What you have memorised & Date	What you have memorised & Date	What you have memorised & Date	Parent's, Shaykh's Signature & Date.
							P._____ _T._____

What you have revised & Date	What you have revised & Date	What you have revised & Date	What you have revised & Date	What you have revised & Date	What you have revised & Date	What you have revised & Date	Parent's, Shaykh's Signature & Date.
							P._____ _T._____

Private Education - Dār SEMA (Seminary & Project)
Home of Science, English, Maths & Arabic

*** PRIVATE EDUCATION ***

Student's Personal Tracker for Home Use. Get your parent's signature and show your Shaykh each week).

For the student to track his daily progress at home.

What you have memorised & Date	What you have memorised & Date	What you have memorised & Date	What you have memorised & Date	What you have memorised & Date	What you have memorised & Date	What you have memorised & Date	Parent's, Shaykh's Signature & Date.
							P._____ _T._____

What you have revised & Date	What you have revised & Date	What you have revised & Date	What you have revised & Date	What you have revised & Date	What you have revised & Date	What you have revised & Date	Parent's, Shaykh's Signature & Date.
							P._____ _T._____

What you have memorised & Date	What you have memorised & Date	What you have memorised & Date	What you have memorised & Date	What you have memorised & Date	What you have memorised & Date	What you have memorised & Date	Parent's, Shaykh's Signature & Date.
							P._____ _T._____

What you have revised & Date	What you have revised & Date	What you have revised & Date	What you have revised & Date	What you have revised & Date	What you have revised & Date	What you have revised & Date	Parent's, Shaykh's Signature & Date.
							P._____ _T._____

Private Education - Dār SEMA (Seminary & Project)
Home of Science, English, Maths & Arabic

*** PRIVATE EDUCATION ***

Student's Personal Tracker for Home Use. Get your parent's signature and show your Shaykh each week).

For the student to track his daily progress at home.

What you have memorised & Date	What you have memorised & Date	What you have memorised & Date	What you have memorised & Date	What you have memorised & Date	What you have memorised & Date	What you have memorised & Date	Parent's, Shaykh's Signature & Date.
							P._____ _T._____

What you have revised & Date	What you have revised & Date	What you have revised & Date	What you have revised & Date	What you have revised & Date	What you have revised & Date	What you have revised & Date	Parent's, Shaykh's Signature & Date.
							P._____ _T._____

What you have memorised & Date	What you have memorised & Date	What you have memorised & Date	What you have memorised & Date	What you have memorised & Date	What you have memorised & Date	What you have memorised & Date	Parent's, Shaykh's Signature & Date.
							P._____ _T._____

What you have revised & Date	What you have revised & Date	What you have revised & Date	What you have revised & Date	What you have revised & Date	What you have revised & Date	What you have revised & Date	Parent's, Shaykh's Signature & Date.
							P._____ _T._____

Private Education - Dār SEMA (Seminary & Project)
Home of Science, English, Maths & Arabic

*** PRIVATE EDUCATION ***

Student's Personal Tracker for Home Use. Get your parent's signature and show your Shaykh each week).

For the student to track his daily progress at home.

What you have memorised & Date	What you have memorised & Date	What you have memorised & Date	What you have memorised & Date	What you have memorised & Date	What you have memorised & Date	What you have memorised & Date	Parent's, Shaykh's Signature & Date.
							P._____ _T._____ —

What you have revised & Date	What you have revised & Date	What you have revised & Date	What you have revised & Date	What you have revised & Date	What you have revised & Date	What you have revised & Date	Parent's, Shaykh's Signature & Date.
							P._____ _T._____ —

What you have memorised & Date	What you have memorised & Date	What you have memorised & Date	What you have memorised & Date	What you have memorised & Date	What you have memorised & Date	What you have memorised & Date	Parent's, Shaykh's Signature & Date.
							P._____ _T._____ —

What you have revised & Date	What you have revised & Date	What you have revised & Date	What you have revised & Date	What you have revised & Date	What you have revised & Date	What you have revised & Date	Parent's, Shaykh's Signature & Date.
							P._____ _T._____ —

Private Education - Dār SEMA (Seminary & Project)
Home of Science, English, Maths & Arabic

*** PRIVATE EDUCATION ***

بسم الله الرحمن الرحيم

PLEASE FOLLOW THIS TIMETABLE STRICTLY TO COMPLETE HIFZ IN ONE YEAR TO TWO YEARS.

***

	6AM	7:30	
MONDAYS – SAT	1hr·30 Hifz new sabak 1·5 page Daily	Revision of half Juzz Daily	Use your Tracker

SUNDAY MORNING (PRIVATE EDUCATION MADRASSAH).

1 MARCH 2020